JN066340

1日1分
見るだけで
願いが叶う！

# ふくふく開運絵馬

絵馬師 — 永崎ひまる

ダイヤモンド社

# 絵馬は天然のカウンセラー

あなたは、絵馬の「願いを叶える力」を知っていますか?

天とあなたの想いが結ばれると、**絵馬に強い力**が宿ります。

古来より絵馬は、あなたの夢や希望、感謝の気持ちを自然の大いなる存在(神様)に直接届ける、いわば**"神様へのハガキ"**の役目を担ってきました。

私たち日本人の先祖は、**願いを叶える絵馬の力**を肌身で感じ、心の支えにしてきました。

日本人には、すべてのものに命が宿るという「**八百万の神様**」という考え方があります。
今、私たちが生きているのも、見えているもの、見えないものすべてに宿る自然の中の魂(神様)が、私たちをさまざまな形で支えてくれているからです。

どんなものにも命があり、神様が宿るという神道の考え方は、私たち日本人を根底から支えているのです。

絵馬は木の命をいただき、描かれています。
絵馬には、**木の神様**が宿っているのです。

本書にある71の絵馬は、天然の木曽檜の上に絵馬師である私が、生命を吹き込んだものです
(一部和紙に描いたものがあります)。
あらゆる悩みを網羅した、さまざまな種類の絵馬を描きました。

あなたがつらいとき、絵馬はあなたの願いや悩みの聞き役となってくれるでしょう。
それはまるで、**"天然のカウンセラー"。**

**絵馬は、そっとあなたに寄り添い、あなたの願いを叶えてくれる**のです。

私はこれまで20年以上、絵馬を描いてきました。

おかげさまで、誉れ高い平成27(2015)年度「神道文化賞」をいただきました。
神道文化賞とは、神社・神道の文化を広める意義ある活動をした功労者に贈られる、50回を
超える伝統のある賞です。

私は日本で唯一、神道文化会から表彰された「絵馬師」として、長年、神社にお参りにくる方々
のために、**幸福の絵馬**を描いてきました。

現在も、絵馬を通じて人と神様を繋ぐお手伝いをしています。

神社仏閣に毎日参拝される方も、まったく参拝されない方も、この本を読んで絵馬を身近に
感じられたら、まずは一番近くの神社から参拝し、絵馬を見にいってみてください。

あなたの開運を願い、福福(ふくふく)があなたの人生にあふれるように、心を込めた絵馬たち。
パラパラとめくって、ピンとくるものから楽しんでいただけたらと思います。

絵馬師　永崎ひまる

# もくじ

## 第5章　長生き健康運アップ！　病気をどんどん遠ざける開運絵馬　84

## 第6章　すべてま～るくおさまる！　人間関係運を上げる開運絵馬　102

## 開運絵馬について

絵馬は、元々生きた馬を、神様に奉納したのがはじまりです。馬は神の乗り物。神に、五穀豊穣の感謝を伝え、奉納するのが目的だったようです。

絵馬の歴史のスタートは、古くは飛鳥時代という説もありますが、はっきりわかっているところでは、平安時代の京都の貴船神社、奈良の丹生川上神社下社の御奉納の歴史があります。

平安時代の法令集である延喜式には、貴船神社・丹生川上神社下社に、雨関連のお祈りの際に馬を御奉納するようにと記載されています。

雨を乞うお祈りには黒馬を、雨をやませるためのお祈りには白馬が奉納されました。

この生きた馬の御奉納が次第に簡素化され、木に描いた馬に変わっていきました。これが「絵馬」の発祥となったといわれています。

今の小さな絵馬に「願い事」を書くようになったのは、江戸時代からといわれています。

絵馬は、木でできたものがほとんどです。

木材の種類はさまざまありますが、檜のように白木のものが多いようです。

絵馬というと願い事を書いて、神社などの絵馬掛けに奉納してくる「掛け絵馬」をイメージされると思います。

しかし、自宅などに持ち帰り、神棚や部屋に飾る「飾り絵馬」や「足付き絵馬」などもあります。

通常の足がない絵馬も自宅にお持ち帰りになり、飾っていただいても大丈夫です。

返納するときは、受けた神社やお寺にお賽銭とともにお返ししましょう。

画家やイラストレーターなどが描く絵馬もあります。

画家・イラストレーターと「絵馬師」の絵馬はどこが違うのでしょう。

絵馬師が描く絵馬は、絵馬師が描きたいものを描くのではなく、ご依頼を受けた神社仏閣の神職・僧侶の考え方や、祀られている御祭神・仏様を思い描きながら、依頼主の意に沿ったものになります。つまり、絵馬師は画家よりも、商品デザイナーに近く、依頼主のイメージを大切にしています。

この本は、史上初の「絵馬師」による開運絵馬の本です。

この本は8章立てです。

第8章は、全国的に有名な神社に奉納された「百年開運大絵馬」を、各神社様に特別許可をいただき、書籍として初公開しました。大半の絵馬は、現在も各神社に行けば見ることができます。

第1章から第7章の絵馬は「目的別」になっています。

第1章「すべての運」、第2章「金運」、第3章「仕事運」、第4章「恋愛運＆結婚運」、第5章「健康運」、第6章「人間関係運」、そして第7章「東京・京都・出雲の八百万の『神様絵馬』」と「春夏秋冬『季節絵馬』」は、本書のために描き下ろしたものです。

あえて今回は、神社仏閣の枠にしばられず、挑戦的な絵も描いてみました。

読者のみなさんには、見るだけ、読むだけで明るい気分になっていただきたいと願いながら、あえて絵馬らしくない絵馬も楽しみながら描いたつもりです。

1日1分、絵馬を見るだけで気分も上がり、落ち着くことができ、いつの間にか知らず知らずのうちにパワーをもらえます。

神社仏閣では決してお目にかかれない新絵馬をたくさん楽しんでいただき、バッグの中に入れて持ち歩いたりしながら、開運ツールとしてぜひご活用ください。

順番に読んでも、これは！ と思う絵馬があったらそこから読んでもOKです。

みなさんの幸せを心から祈っています。

## この本の使い方

この本には、71の絵馬が収録されています。

一つの絵馬につき、左右見開き構成になっています（第8章を除く）。

左ページには絵馬のタイトルと説明、絵馬を象徴する「四字熟語」があり、その下に運気アップの習慣やコツを記した「しあわせの近道」があります。

右ページには、天然の木曽檜の上に描いた絵馬があります（一部を除く）。

毎日、好きな絵馬を眺めているだけで不思議と力をもらえ、バッグにそっと入れて携帯しているだけでも力をもらえます。

【この本を読むにあたってのご注意】

※【注1】神様の数え方は、「人」ではなく「柱」とします。

※【注2】神様の名前や読み方（ルビの位置等）は、『古事記』や『日本書紀』、各神社によってそれぞれ違っています。本書では、絵馬師である著者が普段使っている表記で記しました（何か一つを参考に統一しているわけではありません）。

※【注3】本書の絵馬が描かれている天然の木曽檜は樹齢300年以上のものが多く、材質に優れ、20年に一度行われる伊勢神宮の式年遷宮時の遷宮用材や、法隆寺五重の塔の心材など、古くから重要建築物に使われてきました。年間約20万本しか産出されない希少材です。木曽檜、秋田スギ、青森ヒバが生息する天然林を「日本三大美林」といいます。

第**1**章

とことん幸せになる!
すべての運を上げる開運絵馬

幸せになるためには、まず、自分の土台となる**すべての運（全体運）を上げること**が大切です。

土台を上げるとベースが固まり、願いが叶いやすくなります。

自分自身が運のトータルコーディネートをするイメージを持ってみてください。

すると、心の持ちようも変わっていきます。

暗い気持ちで、自分なんて……と思っていると、天からのあたたかな気持ちに触れられません。

自分にも幸せになる権利があると気づくことで、幸せになる道が見えてきます。

そう思えないと、本書で紹介するそれぞれの運を上げにくくなります。

基本的なことを意識的にやること。

単純なことですが、とても大切なことです。

あなたは幸せになる権利を持って、この世に命をいただきました。

人間に生まれたこと自体、他の生き物におびえて暮らす野生動物より、とても幸せなことですよね。

自由に夢見て、夢を叶えられるのは、私たち人間だけです。

自分の生まれてきた誕生の奇跡と幸運を存分に楽しみましょう。

人生のバランスをよくするためにも、この章では**すべての運（全体運）を高める絵馬と考え方**を見ていきましょう。

# たくさんの愛と幸せに包まれる開運絵馬

## 神恩感謝
<small>しんおんかんしゃ</small>

## 神様からの厚い恩恵に感謝する。

　まばゆく輝かしい光とともに現れる、気品高いお姿を描きました。
　天照大御神の大きな愛のもとに、あなたがたくさんの幸せに包まれるよう見守ってくださるでしょう。この絵馬から安心感を得て前に進んでみてください。

### しあわせの近道

　その昔、ハワイのマウイ島のハレアカラ火山の頂上で朝日を拝むため、闇夜と凍える寒さの中でじっと待ったことがあります。まわりがよく見えず、予想以上の寒さに、心の不安とともに体が冷えきってしまいました。ああ、もうイヤだと思った瞬間、朝日がサアッと昇ったのです。急激にまわりの温度が上がり、大地を明るく照らし、体もあたたまり、心から安堵。「太陽に命を助けていただいた」と感じました。天照大御神は太陽の化身。太陽は「お天道様」と呼ばれ、古来から手を合わせる習慣があります。万物には等しく魂があり、神様が宿るものと考えられています。「八百万の神様」です。私たちも自然の一部。決してあなた一人では生きていけません。大丈夫、あなたのまわりには、あなたを支えてくれている愛あるたくさんの「お仲間」がいますから。

# 天照大御神
あまてらすおおみかみ

天照大御神は、太陽の化身。最も尊い女神。伊邪那岐命が黄泉の国から戻ったすぐ
の禊の最中、左目を清めているときに誕生。天津神として、高天原という神の世界を
統率し、天皇家の御先祖神にあたる。伊勢神宮内宮の御祭神。

## 全体運 人生がグレードアップする 開運絵馬

**この絵馬のチカラ** 福徳円満
<small>ふくとくえんまん</small>

## たくさんの福に恵まれ、人生円満になる。

　月読命は、誕生以外、『古事記』などにも出てこない不思議な神様ですが、そこがまたミステリアスで魅力的です。三貴神の中では一番ひかえめな神様なのがよく伝わります。月読命は、とても尊い神様です。

### しあわせの近道

　月がなければ、地球の回転数が変わり、地球に生命が誕生しなかったかもしれないともいわれています。地球と月、互いの重力によって、バランスよく互いを支え合っているのです。月は、夜に輝いて見えますが、昼間も変わらずそばにいます。あなたが困って苦しいときも、空からそっと見守り、お月様はあなたの人生が好転するようバランスをとっているのです。

　月読命を「あなたの心の兄」として慕ってみてください。新月や満月などに、月を見ながら祈るだけでも、思いは伝わります。月読命の大いなるやさしさに包まれ、人生の流れが一気に好転します。新月には、あなたの目標や願いを伝え、満月のときは御礼を伝えてください。月は、「ツキ」を呼び込み、金運や成功運にも強く影響するので、しっかり繋がりましょう。

# 月読命
<ruby>つく<rt></rt></ruby><ruby>よ<rt></rt></ruby><ruby>み<rt></rt></ruby><ruby>のみこと<rt></rt></ruby>

月読命は、伊邪那岐命の禊で生まれた三貴神の一柱。右目を清めているときに誕生。
夜の神として夜の世界を任される偉大な神である。三貴神とは、天照大御神（太陽神）、
月読命（月神）、須佐之男命（海原の神）のこと。

# 力強く生きていける開運絵馬

## 必勝祈願

**どんなことにも負けずに必ず勝利する。**

　大きな八岐大蛇に向かって戦いを挑む、力強い須佐之男命。そこには人々を困らせる乱暴者の須佐之男命はおらず、力強い日本のヒーローがいました。あなたも負けそうになる自分を奮い立たせ、自分の人生に負けないでください。

### しあわせの近道

　須佐之男命は、三貴神の一柱でありながら、姉の天照大御神やそのまわりの神に多大な迷惑をかけていました。でも、その武闘的で荒々しい部分が活かされたとき、八岐大蛇を退治し、尊い姫の命を救ったのです。どんな人にも失敗はつきもの。失敗があっても、心を入れ替え、自分に必要な行動は何かを考え行動する。それだけで、まわりの評価が一変することがあります。自分の好きなように生きるのは素晴らしいことですが、人に迷惑をかけないことも大切。自分の得意分野を活かすも殺すも自分の生き方次第。短所だと思っているところが長所になることもあるのです。ぜひこの絵馬を見ながら、よい方向に自分を活かしてみてください。必ず未来に花が開きます。

# 須佐之男命
<ruby>須<rt>す</rt></ruby><ruby>佐<rt>さ</rt></ruby><ruby>之<rt>の</rt></ruby><ruby>男<rt>お</rt></ruby><ruby>命<rt>のみこと</rt></ruby>

須佐之男命は、伊邪那岐命の禊で生まれた三貴神の一柱。鼻を清めているときに誕生。
天照大御神、月読命の弟。とても暴れん坊で、天照大御神を困らせ、天照大御神が天
岩戸に隠れる元に。高天原を追放されるが、八岐大蛇を倒し、正義の神となった。

# 大きなことを成し遂げられる開運絵馬

**この絵馬のチカラ** 　大願成就
たいがんじょうじゅ

## 大いなる願いが形になり、成就する。

　たくさんの期待と希望を胸に、地上に降り立つ若き邇邇芸命。その目は前しか向いていません。大きなことをこれからカタチにしたい方にはこの絵馬の若く力強いエナジー、希望の心が必要です。

### しあわせの近道

　今、あなたを守ってくださる大切な存在の一つが、住んでいる土地の神様です。「氏神様」とはあなたが住む、その土地を守る神様。年に一度、出雲大社で全国の神様が集結し、来年のご縁について会議が催されます。あなたのご縁について、氏神様がご提案されるのです。毎月一日などに、朔日詣り（前の月の御加護への感謝と、新しい月の幸福への祈りを月はじめにする風習）などをして氏神様にご挨拶しましょう。そして、生まれた場所で一生守ってくださる、産土神様も大切に。氏神様も産土神様も各都道府県の神社庁などで調べてもらえます。神社に限らず、世界中どこにいても、土地にはそれぞれ八百万の神様がいます。あなたにとって「ここは心地がいい」という特別な場所を見つけるのも楽しいです。

# 邇邇芸命
ににぎのみこと

邇邇芸命は、天照大御神の孫にあたる神。天照大御神の神勅を受け、葦原の中津
国を高天原のように、素晴らしい国にし、治めるために、三種の神器(八咫鏡・八尺
瓊勾玉・草薙剣)を天照大御神から授かり、高天原から降りた。

# 厄を落とし、新しいものを生み出す開運絵馬

**この絵馬のチカラ** 厄難消除
（やくなんしょうじょ）

## 厄を消し去り、悪いことが起こらなくなる。

　美しい国のはじまりです。伊邪那岐命（いざなぎのみこと）・伊邪那美命（いざなみのみこと）の夫婦神として初の国生み（くにうみ）。新しいものを生み出すのには、とてつもない体力が必要です。その神様のエネルギーが、どうかあなたの中からも湧き上がりますように。

### しあわせの近道

　節分やひな祭り、七夕などの年中行事、そしてお祭りなど特別な一日。古くから、このような特別な日を「ハレ」の日といいました。「ハレ」の反対は「ケ」。この「ケ」とは日常のこと。日々の生活で、「ケ」が枯れることがあります。これが、「ケガレ」＝「気枯れ」＝「穢れ」となります。

　この「ケ」枯れを、特別なこととして祓い（はらい）をする行為こそ、「ハレ」なのです。いいことばかり起こるのが、人生ではありません。誰しも、厄が溜まって「ケガレ」ていきます。厄とはストレスが溜まった状態。これを年中行事や祭り、神社参拝などで楽しくはねのけ、明るくすごし、ケガレを吹き飛ばす。そしてまた、日常に戻るのです。日常の中から大きな幸福を引き寄せる。そんな力が「ハレ」の日にはあります。絵馬もどうぞ「ハレ」の日のお供に。

# 伊邪那岐命・伊邪那美命

初めて夫婦になった神。淡路島から始まり日本列島を次々誕生させ、たくさんの神様を
生む。最後に生んだ火の神により、大やけどで伊邪那美命は黄泉の国に。それを悲しん
で伊邪那岐命が会いにいったが、そこには変わり果てた伊邪那美命の姿が。

**全体運** すべての願いが叶う
開運絵馬

この絵馬のチカラ ▶ 心願成就（しんがんじょうじゅ）

## 心からの願い事を叶える。

　姿形がはっきりわからない神々ですが、この世はすべてが造化三神（ぞうかさんしん）と別天津神（ことあまつかみ）の一部。宇宙そのものである「神様」のチカラは、とてつもないものです。あなたの強い想いを伝え、願いを全部叶えてしまいましょう。

### しあわせの近道

　あなたは鏡を毎日見ますか？　鏡はとても不思議な存在。神社の御神体（ごしんたい）としても祀られています。三種の神器の一つは、伊勢神宮で最も神聖とされる八咫鏡（やたのかがみ）。天岩戸伝説（あまのいわととでんせつ）で、天照大御神（あまてらすおおみかみ）が岩からのぞく自分の姿を映し出されたときに見た鏡です。鏡が神聖なのはなぜでしょう。鏡は神様そのものではありません。あなたが御神体の前に立ったとき、あなたに見えるのは何でしょう。それは「あなた」です。カガミ（鏡）からガ（我）を抜くとカミ（神）になります。鏡には、神様からもそしてあなた自身にも見える、今の「あなた」が映るのです。あなたの中にも八百万の神様が宿っており、あなたは神様の一部でもある。今、本当の正しいあなたの姿で映っていますか。自分の中での正義心を目覚めさせてくれる。鏡には、そんな役目もあるのです。

24

# 造化三神

『古事記』の中で天地開闢にて一番はじめに生まれたこの世の最初の神が「天之御中主神」で、宇宙の最高神。『古事記』では、生まれてすぐ姿を隠す。その後、生まれたタカムスビとカミムスビとともに「造化三神」。その後の2柱と合わせた5柱で「別天津神」という。

# 人生がするするうまくいく開運絵馬

## 七福即生（しちふくそくしょう）

### 七難がただちに去り、代わりに幸福が訪れる。

　笑顔たっぷりの七福神。この絵馬を見たあなたが、するするとうまくいくことを想像して神様みんなが笑っているのです。七福神の神様たちは、いつも明るい、いつも元気、いつも笑顔です。この絵馬で笑顔いっぱいに。

**しあわせの近道**

　七福神は、みんなの願いを完全網羅した福の神オールスターズです。

【大黒天（だいこくてん）】五穀豊穣（ごこくほうじょう）・開運招福（かいうんしょうふく）：小槌（こづち）を持ち、俵に乗っている（中段左から3番目）。

【恵比寿天（えびすてん）】商売繁盛（しょうばいはんじょう）・豊漁繁栄（ほうりょうはんえい）：鯛（たい）と釣竿を持っている（中段左から2番目）。

【弁財天（べんざいてん）】金運上昇（きんうんじょうしょう）・芸道上達（げいどうじょうたつ）：琵琶（びわ）を持っている美しい神（上段右）。

【毘沙門天（びしゃもんてん）】出世開運（しゅっせかいうん）・勝運招福（しょううんしょうふく）：武神の姿。猛々しい（たけだけしい）（上段左）。

【布袋尊（ほていそん）】笑福円満（しょうふくえんまん）・千客万来（せんきゃくばんらい）：大きな包みを抱え、太鼓腹（たいこばら）の僧侶の姿（一番下）。

【寿老人（じゅろうじん）】無病息災（むびょうそくさい）・健康長寿（けんこうちょうじゅ）：長いヒゲ。鹿*を連れている。道教の神仙（中段一番左）。

【福禄寿（ふくろくじゅ）】長寿長命（ちょうじゅちょうめい）・子孫繁栄（しそんはんえい）：長い頭。杖。鶴*を連れている。神仙（中段一番右）。

*この絵馬には鹿と鶴は入っていない（91ページ参照）

# 七福神

それぞれ違う場所で誕生した神様が日本で民間信仰として七福神になった。大黒天、恵比寿天、弁財天、毘沙門天、布袋尊、寿老人、福禄寿の7柱の神様。七福神を参拝すると7つの災難から逃れ、7つの幸福を授かるといわれている。

# 最高の幸運に守られる開運絵馬

**この絵馬のチカラ** 　**国士無双**（こくしむそう）

## 国の中で他と比べられないほど優秀である。

　わが国を代表する美しい山である富士山は、その中に計り知れないパワーのマグマを持っています。その幸運力は、長い歴史の中で世界の人々を魅了し続けています。その「赤富士」は幸運中の幸運なのです。

---

**しあわせの近道**

「神気」（しんき）というものがあります。これは、神社や奥深い森林などで感じられる、とても澄（す）んだ透明な空気や空間です。背筋が伸びるピンと張りつめた神気を受けると、新しく自分を立て直す勇気が湧いてきます。この尊い「気」によって、新たに生まれ変わるのです。神気を感じたら、大きく深呼吸をしてみてください。平安末期、伊勢神宮に初めて参拝した西行法師（さいぎょうほうし）(1118 ～ 1190)は、伊勢神宮の神気に感動し、こんな歌を残しています。

「なにごとのおはしますかは知らねどもかたじけなさに涙こぼるる」

（どなたさまがいらっしゃるのかよくはわかりませんが、おそれ多くてありがたくて、ただただ涙があふれ出て止まりません）

西行（京都府神社庁ホームページ「神社を知る」より）

# 赤富士
あ か ふ じ

晩夏から初秋にかけ、早朝にほんの一瞬だけ富士山が見せる姿で、霧や雲、朝焼けの関係から富士山が見事な赤に染まる現象を「赤富士」という。とても姿形が美しく貴重なことから、これを見た人は大きく開運するといわれている。

第2章

一生お金に困らない！
金運を引き寄せる開運絵馬

金運は、生きていくためにとても大切です。

お金がなければ、この現実世界では何も買うことができないし、備えもできません。

ただ、物質的に生きていくのに必要なお金は、時に危険な欲望の種となり、大いに人生を狂わせます。

それだけ大切なのに寄り添って生きていくのはむずかしいお金。

どうやって仲よくつき合っていったらいいのでしょう。

まずは、マインドが大切。

お金の存在と立場を理解し、その地位を認め、育て上げていくと、お金のほうからあなたに愛着を持ってくれるようになります。

ただ、清廉潔白、正しい行動をしていればお金が寄ってくるのではないのが、お金のむずかしいところではあります。

でも、人として非道なことをしていれば、必ずお金の神様に叱られ、完全にそっぽを向かれる日がきます。

人生100年時代、長くおだやかに、お金と上手につき合っていける人になるにはどうしたらいいのか。

この章では、**金運アップの絵馬と考え方**を楽しんでみてください。

# お金がじゃんじゃん入ってくる開運絵馬

**この絵馬のチカラ** 一粒万倍（いちりゅうまんばい）

**一粒の種をまくことで万倍になることから、運も大きく増えていく。**

　弁財天（べんざいてん）はとても気の強い美しい女神。

　ですから、この絵馬もキッパリとした線で、見た目や性格の華（はな）やかさを表現してみました。美しい女神のチカラは金運をどんどん引き寄せるでしょう。

### しあわせの近道

　暦（こよみ）の「巳の日」。白蛇は弁財天のお使いなので、弁財天と縁が深い日になります。この日に、弁財天のお祀りされた神社や寺にお参りすると、金運や財運、技芸上達などの運気が上がるとされています。また、60日に一度巡ってくる、六十干支（ろくじっかんし）の中の「己巳の日（つちのとみ）」は、特に深い繋がりが生まれる日です。この日にお参りして、ぜひ弁財天のご縁をいただきましょう。ただし、この日に行うとよくないこともあります。結納（ゆいのう）・結婚式・入籍など恋人同士が前に進む儀式です。弁財天は縁結びの神様でもあるのですが、気が強く、嫉妬深いので、恋仲を壊すとされています。夫婦や恋人と一緒の参拝でも、あまりいちゃつかず、心静かにお参りを。

# 弁財天
べんざいてん

弁財天は七福神の一柱。琵琶を持ち、美しい姿をした女神で、福徳と芸術上達の御利益があるとされている。元々は古代インド起源の女神で、水の女神・サラスヴァティーである。川のせせらぎの音を奏で、芸の腕を上げることから「弁才天」「弁天」ともいわれる。

# これ以上ない金運に恵まれる開運絵馬

## 富貴利達（ふうきりたつ）

たくさんの富を得て、名誉を受け、人の上に立つ。

だいこく様とえびす様がコンビだと、とてもあたたかな気持ちで楽しく描けます。笑顔がとてもいい。時には親子、時には親友。または神仲間。そんなだいこく様とえびす様の絵馬により、これ以上ない金運に恵まれるでしょう。

### しあわせの近道

仲がとてもよい2柱の神。それもそのはず、だいこく様は大国主大神（おおくにぬしのおおかみ）。えびす様は、大国主大神の息子神、事代主神（ことしろぬしのかみ）。または、ともに伊邪那岐命（いざなぎのみこと）・伊邪那美命（いざなみのみこと）の間に生まれた最初の子どもである、蛭子神（ひるこかみ）（伊邪那岐命（いざなぎのみこと）と伊邪那美命（いざなみのみこと）の子。海に捨てられた。西宮で民に拾われ、えびす様に）などという説もあります。どの神様にとっても、大国主大神とは深いご縁のある神様。家の神棚、玄関、寝室などに、だいこく様とえびす様の絵馬や像などを一緒に飾り、5円玉を目の前に置き、神語である「幸魂奇魂守給幸給（さきみたまくしみたままもりたまいさきはえたまえ）」を3度唱えましょう。その5円玉を、種銭（たねせん）として財布に入れておきます。そして、だいこく様やえびす様とご縁のある神社にお参りの際は、その5円玉プラスしっかりとお賽銭を入れると金運がどんどん上がります。

# だいこく様とえびす様①

大黒天とだいこく様（大国様）は実は同じ神ではない。「大黒天」はインドの神、「だいこく様」は出雲大社の大国主大神（大国主命）。えびす様は事代主神や蛭子神、または少名毘古那神（少彦名命）など神社によって表記が変わる。

お金も人もどんどん招く
開運絵馬

**この絵馬のチカラ** 商売繁盛(しょうばいはんじょう)

**商いが繁盛してたくさんお金が儲(もう)かる。**

　猫は、いつの時代も人々を魅了し、癒(いや)します。実はこの絵馬の招き猫たちは、私の愛した歴代の愛猫(あいびょう)をモチーフにしています。招き猫のチカラは絶大です。きっとどんどんお金やよい人を招くでしょう。

しあわせの近道 ──────────

　黒猫は福猫として、昔からとても大切にされ、縁起がいいものです。平安時代からすでに大切にされていたようで、江戸時代には黒猫を飼っている家の人の結核が治るといわれていたとか。最古の招き猫は黒猫という説もあります。夜でも目が金色に見えることから、お金を呼び寄せ、災いを避ける縁起物とされています。以前、飼っていた黒猫は、元地域老猫。大ケガをして背中が曲がり、アレルギー持ち。わが家にきたときから水下痢(みずげり)でした。でも、この子はどんなときでも愛嬌(あいきょう)があり、人間を信じて疑わず、必死に最後まで生きようとしました。この子から生き方を教わり、どんなことにも前向きに強くなれました。黒猫はきっとあなたに強い心と幸せを運んできてくれます。

36

# 招き猫
<small>まね</small> <small>ねこ</small>

前足を手のように上げ、人やお金を招くように掲げている猫の縁起物。元々は養蚕業などで、鼠を退治する猫の縁起物だったが、徐々に商売繁盛の神様として普及していった。右手を上げたものはお金を招き、左手を上げたものは人を招く。

# おどろくほどお金が貯まる
# 開運絵馬

**この絵馬のチカラ ▶** 億万長者
<small>おくまんちょうじゃ</small>

## 大富豪・大金持ち。

だいこく様の持ち物である「うちでの小槌」は絵馬の絵としても、とても優秀なモチーフです。それだけこのアイテムへの信頼度が高いのでしょう。見た目のフォルムも、ぷっくりして、あたたかな感じがします。

しあわせの近道 —————

お財布はお金の「旅館」であり、「ホテル」です。あなたがどこか旅行に行ったとき、もしその宿泊施設が汚かったり、従業員の態度が悪かったりしたらどうでしょう。「もう二度と泊まるものか」と思うでしょう。家族や友達に言うだけでなく、SNSなどに書き込む人もいるかもしれません。お金にとっても、あなたのお財布は、癒しを求めてくる場所。あなたはそこのオーナーです。お金に対してしっかりおもてなしをすることで、お金のほうも「ここはなんていいところなんだろう」と、また仲間を連れてきてくれるのです。お財布の中はいつも清潔に！　入ってきてくれたお金とも丁寧に接し、居心地のよさを感じる財布にしてください。お金たちの間で、あなたへのよいクチコミが広がります。

# うちでの小槌 <small>こづち</small>

振るとたくさんのお金や財宝などが出てくる不思議な槌。だいこく様・大黒天の持ち物として富をもたらす象徴。鬼が宝物として持つものとしても描かれ、体の小さな一寸法師は、退治した鬼が落としていったうちでの小槌で大きくなり、立派な武将に。

# 世界中からお金がザックザック入ってくる開運絵馬

## 千客万来
せんきゃくばんらい

### たくさんのお客を呼び込み、事業を発展させ、大金持ちになる。

　ガネーシャのふるさとインドの明るさや活気のよさが伝わる絵馬です。なぜか愛着が感じられ、インドで金運を招く神様として愛されています。大陸からの神様のチカラを借りて世界のビジネスで大活躍しましょう。

#### しあわせの近道

　お金と仲よくなるには、まずお金の性格を知ること。お金は、派手好き、華やかな場面が大好き。明るく率直に盛り上げてくれる人に集まっていく傾向があります。少しさびしがりやの性質もあるようです。そうかと思うと、突然、「あんたなんか嫌い」といわんばかりに、気まぐれに離れていく。そして、なぜか眠るときには、家の中心ではなく暗い落ち着いた北の方位の場所などを好みます。お金は華やかで、わがまま。気まぐれで臆病でさみしがりやと考え、まずは、お金と友達になりましょう。常に、華やかな明るい気持ちでお金と接してみてください。お金に話しかけたり、ほめたりするのも有効です。長い間、たくさんの人の「欲」に関わる意識を肌で感じてきたお金は、とてもナイーブでデリケート。丁寧に接しましょう。

*よく見ると後ろに黒い腕が2本ある

# ガネーシャ

ガネーシャは、インドのヒンズー教の神。大きな富を与えてくれる。象の頭と片方折れた牙、4本の腕*がある。現世利益を与えてくれる神としてインド人などからの人気も高い。

あらゆる障害を取り除くことから、新しいことを始めるときに祈りを捧げるとよいとされる。

# 一生お金に困らない開運絵馬

## 堆金積玉 (たいきんせきぎょく)

**莫大な富が集まり、堆積(たいせき)するほどお金があること。**

「白蛇の抜け殻(がら)を財布に入れると金運が上がる」というのは有名な話ですが、そこにさらに金運の上がりそうな金色の蛇を一緒に描いてみました。さらなるエネルギーが金運を呼び寄せ、一生お金に困らなくなるでしょう。

### しあわせの近道

　小銭たちは仲よしでくっつきたがります。お金の単位の小さい子たちも大切にしていると、みんな集まってきてくれます。私はあるとき、夜道で車に何度も轢(ひ)かれたグシャグシャの1円玉を拾いました。あまりにかわいそうで、洗って、後日、神社のお賽銭にしました。それから、なぜか小銭を拾うことが増え、立て続けに1円、10円、50円玉を拾い、海外でも小銭を拾い、ついには日本で500円玉を拾って神社におさめました。そして、夫が掃除をしていると、20年以上忘れていた小銭の貯金箱が夫の部屋の奥から3つも出てきたのです。小銭だけで総額10万円以上になりました。小銭はみんな仲よし。1円玉を拾うのが恥ずかしいと思わず、人命救助のつもりで助けてあげ、経済の流れに戻してあげましょう。きっと恩返しされます。

# 金白蛇神
（きん　しろ　へび　がみ）

蛇は金運と深い関係にあり、蛇の脱皮した皮を財布に入れておくと金運が上がるとされる。なかでも白蛇は貴重で、神の使いとして神格化され、弁財天とともに描かれたり、生きた白蛇を祀ったりする神社もある。金色の蛇はさらに希少で金運を高める。

# 宝くじ・懸賞運が強くなる開運絵馬

**一攫千金**（いっかくせんきん）

一気にたくさんのお金を手に入れること。

　宝くじや懸賞運アップには、初夢でよい夢を見るよう、「永（なが）き世（よ）の　遠（とお）の睡（ねぶ）りの　皆目（みなめ）醒（さ）め　波乗（なみの）り船（ふね）の　音（おと）の良（よ）きかな」という回文（上から読んでも下から読んでも同じ文）を書いた宝船の絵を枕の下に置いて寝ましょう。

---

しあわせの近道

　金運を左右するものは家にあります。これらの根底には、土地神様（とちがみさま）とのおつき合いが関わってきます。あなたの住む家の土地そのものに、土地神様が一緒に住んでいます。もし、あなたと一緒に住んでいる人が自分勝手だったらイヤになりますよね。土地神様は、あなたが住むずっと昔からそこにいらっしゃるのです。土地神様は決して動くことはありません。土地神様が苦しみ穢れると、それは結局、あなたの「運」を下げることになります。そうならないために、土地神様もあなたも、すごしやすい環境を整えることが大切。玄関や水回りをきれいにし、部屋に草花を置いたり、玄関・トイレに盛り塩などをしたりしましょう。メンタルダウンすると、つい私も家の中が汚くなりがちですが、家をきれいにすると本当に運気が上がりますよ。

## 宝船
たから ぶ ね

金銀財宝、米俵などを乗せた船で、帆に「宝」と書いてある。七福神などが乗る船とされている。元々は川の水の流れを使い、穢れを祓う行為で、悪い夢を流す「夢違え」「夢祓え」で船を流すのが原型。神道の穢れを祓い、厄も払うという日本人の考え方がある。

# 笑ってしまうほど 金運に恵まれる開運絵馬

この絵馬のチカラ

## 富貴栄華（ふうきえいが）

**家が大変栄えて富を得ること。**

　だいこく様とえびす様がこんなに愛されているのは、そっとそばでいつも見守っていてくださるような気がするからかもしれません。だいこく様もえびす様も、ふくよかな姿で親しみが持てますよね。

### しあわせの近道

　財布を買うのによいタイミングがあります。暦で、天赦日（てんしゃにち）・一粒万倍日（いちりゅうまんばいび）が重なる日。または前述の「己巳の日（つちのとみ）」(32ページ)や「寅の日（とらのひ）」もよいです。

　天赦日（てんしゃびともいう）は一年に数回しかない、神様が天に帰り、すべてが赦（ゆる）される日。何をするにもよい日です。一粒万倍日は一粒の種が万倍になる日ですが、一方で借金も増やすので借金はできるだけしないでください。

　寅の日は、寅が財運をよくする毘沙門天（びしゃもんてん）とご縁が深く、「寅は千里を行って千里を帰る」ということわざがあるのですが、使ったお金の分だけ戻ってくるという意味から、何か購入するのにとても縁起がいいとされています。ぜひ毘沙門天にもお参りしてみましょう。

# だいこく様とえびす様②

だいこく様とされる大国主大神は、天照大御神からの国譲りの際、息子である「えびす様」といわれる事代主神に相談したという。大国主大神のたくさんの子の中で、事代主神を一番信頼していたといわれる。

第**3**章

# この上ない達成感に沸き立つ！
# 仕事運をメキメキ上げる
# 開運絵馬

仕事運は生きていくうえで、お金を稼ぐ以外にも、心の充足感、充実感のためにとても必要な部分です。

人間として生まれてきた以上、何かしら自分のためや家族、人のために働かなければいけないときがあります。外でも家でもたくさん仕事はあります。

呼吸一つするのも、自分の体のためにしている「仕事」なのかもしれません。

外でも家でも人と関わり、社会的に生きながら、なんらかの成功をおさめること。

このとき、人は最も達成感を得られるのかもしれません。

でも、上司、部下、同僚、友達、夫婦、子ども、親戚……誰かに認められる以上に、実は自分を大好きでいたいからこそ、私たちは働くのではないでしょうか。

そして、人に認めてもらうくらい大きな仕事をやり遂げることで、生きがいを感じるのかもしれません。

この欲望は、この世にいるうちはずっと生まれるでしょう。

それがこの世のルールなら、その気持ちを充足させてはどうでしょうか。

自分がやりたいこと、好きなことに邁進して成功し、みんなから「ありがとう」と言われる存在になる。

この章では、あなたの**仕事運がアップする絵馬と考え方**をお伝えしたいと思います。

# 新しい事業の道を拓く開運絵馬

## 成徳大業

**大きな事業を成功させて、徳を得る。**

猿田毘古神は、謎に満ちた道開きの神様です。天狗の原型ともいわれ、風貌も鼻が高く、力強く堂々として、体も大きいイメージです。あなたの夢や希望の道が目の前に現れるよう、道開きのための絵馬を描きました。

### しあわせの近道

自分の人生を自分で切り拓く。未来に繋がると思うことは、とにかく声に出してみましょう。言霊といいますが、人に自分の思いを伝えると、不思議と力になります。神社でいえば、祝詞や鈴、柏手などを打つことで穢れを落とす。お寺でいえば、読経、太鼓、銅鑼を鳴らすなど、音にはその場の空気を変化させる力があります。その音がいつしか奇跡を起こします。

以前は絶対に無理だと思っていた由緒ある神社や場所にも、現在、私の絵馬が置かれています（第8章）。私は「いつかこちらにも私の絵馬を置いていただけたらと願っております」とまわりの人たちに謙虚な気持ちで伝えていました。すると応援者が集まり、形となったのです。どんな無謀なことでも、声にしてみると、いつか奇跡が起こるかも。次はあなたの番です。

# 猿田毘古神
（さるたひこのかみ）

「猿田彦命」とも書く。天孫降臨の際に邇邇芸命に高千穂を案内し、そこで出会った妻の天宇受売命とともに、倭比売命（倭姫命）の御巡幸の際に聖地である宇遅（宇治）をおすすめし、そこに皇大神宮（内宮）が造営されることに。道開きの英雄の神。

# 芸事がとても上達する開運絵馬

## 芸能上達（げいのうじょうたつ）

### 芸事がどんどん上達して人気者になる。

とても踊りが魅惑的だという天宇受売命（あめのうずめのみこと）。その怪しげな美しさをふわりとした感じで描きました。絵馬は、淡い色とは真逆の内に秘めた激しく力強い意思を伝えます。猿田毘古神（さるたひこのかみ）が愛した魅力的な女神様です。

#### しあわせの近道

芸を上達させることは大変なこと。運よく華やかな舞台に上がっても、実力が伴わないと最終的に長続きしません。目立ったいい仕事ができても、実力がなければ、いつしか砂の城のように崩れてしまうのです。私も、運だけでいただいた仕事もあります。しかし、その後、必ず大きな才能と努力の壁にぶち当たることを痛感しました。

必要なのは、苦しくても自分なりに修業して、地道に芸を磨いていくこと。きっと時間がかかるでしょう。でも、必ず苦しかった時間が自分を守ってくれます。簡単に上に這い上がろうとせず、コツコツ切磋琢磨する気持ちを大切にしましょう。そうすれば、自分が思うよりずっと高い位置で、あなたは大物になれると思います。

# 天宇受売命
あめの　う　ず　め　のみこと

天宇受売命は、天照大御神が天岩戸に隠れた際に、妖艶な神楽舞で神々を沸かせ、
それを天照大御神が怪しんで隠れた岩の奥から出てくるきっかけをつくった芸事の女神。
邇邇芸命とともに葦原の中津国に降り立った際に出会った猿田毘古神の妻神である。

# 昇龍のごとく上昇する開運絵馬

**この絵馬のチカラ** 大器晩成（たいきばんせい）

偉大な人は後に大成すること。

　龍は自然霊として、昔から大切に崇（あが）められてきました。その魅力ゆえ、なぜか龍に惹かれる人も多いのではないでしょうか。自然霊なので恐ろしい面も併せ持っていますが、味方になればこの上なく頼もしい存在です。

しあわせの近道

　龍は山や川、森の上空、そして都会の中にもいます。姿形は見えないのですが、気のかたまりのようなもの、空気を動かす地球のエネルギーそのもののような存在です。同じく、鳳凰（ほうおう）も、龍と同じようなエネルギーのかたまり。では、そんなすごい龍の力を借りるにはどうすればいいか。龍がいそうな神社（三輪明神大神神社（みわみょうじんおおみわ）＜奈良県桜井市＞・玉置神社（たまき）＜奈良県十津川村（とつかわむら）＞など）、お寺、山、森などに行ってみましょう。雨の日や風の強い日に、案外身近にいます。実は、高層ビルが多いところ（東京都新宿区西新宿、千代田区大手町付近など）は自然の山と同じく集まりやすいよう。特に高いところに行くと、近くを通ったり。たまに空気が光るものがあれば、龍のサインかも。気持ちを伝えてみてください。やさしい龍に出会えるかもしれません。

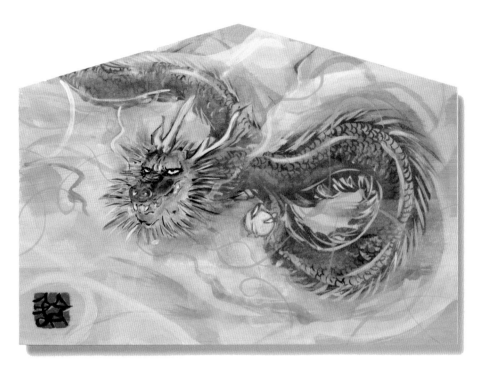

# 龍神
りゅうじん

伝説の生き物で、とてつもないエネルギーを持つ自然の精霊。力強い蛇に手足が生え
た進化した絵柄で描かれる。鯉の滝昇りが龍になるとも。人々に敬われ、愛され、長
い歴史の中で、たくさんの人々に崇められている。

## 仕事運 | 力強く突破していく 開運絵馬

**この絵馬のチカラ** 立身出世
<ruby>立<rt>りっ</rt>身<rt>しん</rt>出<rt>しゅっ</rt>世<rt>せ</rt></ruby>

## 社会に認められて大きく出世すること。

　<ruby>毘<rt>び</rt>沙<rt>しゃ</rt>門<rt>もん</rt>天<rt>てん</rt></ruby>は力強い神様です。この力強さをいただけるように、この絵馬の毘沙門天はハンダゴテで焼いて線を強くしています。この線は、毘沙門天の勇ましさを表しています。

### しあわせの近道

　どんな仕事も、小さなやりがいを見つけられたら、生きがいになります。私は絵馬師を志す前、商品企画のグラフィックデザイナーなどをしていました。その仕事の流れの中で、京都の神社の大絵馬を一枚描くことになりました。本当は、有名画家の絵をもとにプロの看板屋さんが一度描いたのですが、出来が思うようなものではなかったため、私に白羽の矢が立ちました。小さな元絵を板に大きく描き写し、画家さんの複雑な和の色合いを一つひとつ再現。失敗できない<ruby>緻<rt>ち</rt>密<rt>みつ</rt></ruby>で大変な仕事でしたが、最後までやってみるとものすごい達成感でいっぱいで、こんな感覚を味わったのは初めてでした。その強い達成感が、今の私を支えています。仕事は出会いがすべて。あなたもぜひいろいろ挑戦してみてください。

# 毘沙門天

<ruby>毘<rt>び</rt>沙<rt>しゃ</rt>門<rt>もん</rt>天<rt>てん</rt></ruby>

毘沙門天は七福神の一柱。仏教の<ruby>天部<rt>てんぶ</rt></ruby>（仏教における天上界）の神で、四天王に数えられる一柱でもある。「<ruby>多聞天<rt>たもんてん</rt></ruby>」とも。北の方位を守る神様。武神として日本の武将からも敬愛された。前身はインドの神様「クベーラ」とされ、財宝の神でもある。

# 山のように安定する開運絵馬

この絵馬のチカラ ▶ **永遠偉大**（えいえん いだい）

いつまでも優れて大きな存在でいること。

大山津見神（おおやまつみのかみ）は偉大な神様で大きくパワフル。重鎮という名がぴったりの神様。大山津見神の近くには絶滅したニホンオオカミがいます。神の使いとされるオオカミ。山の神は変わらず、私たちを見守ってくれているのです。

しあわせの近道 ──────

伊勢神宮では、毎日たくさんの神事（しんじ）（お祭り）があります。神職さんたちが、とても大切にしているのが「時間」を守ること。夜中の2時に始まるお祭りもあるのですが、時刻どおりに始まります。大雨や台風でも、神職さんは、決して神事を延期しようとしません。台風に吹き飛ばされそうになったり、大雨にずぶ濡れになったりしても、しっかり神事を滞（とどこお）りなく行う。神事には暦や時間を守る意味があり、暦や時間を守ることで神様との約束を果たしているのです。あなたも年中行事、毎月の朔日詣り（ついたちまいり）、規則正しい生活などで、幸運がやってくるタイミングをつかんでください。それを習慣にしていくことで、幸運が訪れるタイミングを感知できる体質になります。これは、運気アップにとても大切な心がけなのです。

# 大山津見神
おおやまつみのかみ

大山津見神は山の総元締め。伊邪那岐命の子。神武天皇（日本の初代天皇）の曽祖
父にあたる。須佐之男命や邇邇芸命の義父であり、親としての愛情もとても深く、娘
への愛のエピソードがたくさんある。多岐の御神徳があり、力強い神様。

# 仕事運がどんどんよくなり成功する開運絵馬

**この絵馬のチカラ** 　重見天日（ちょうけんてんじつ）

**暗い状況から抜け出して、明るい光のほうに向かうこと。**

　この絵馬は、出雲の宮大工の棟梁が見た、夢の中の矢と、出雲大社御奉納の大絵馬（160ページ）に描いた鳴鏑（なりかぶら）をイメージして描きました。棟梁が見事な仕事の転身をされたように、あなたも素晴らしい転身ができますように。

## しあわせの近道

　出雲で宮大工をされている棟梁の話です。元は普通の大工をしていましたが、あるとき宮大工を目指しました。きっかけは棟梁が30歳くらいのとき。夢の中で、鳥取の大山（だいせん）が出てきたそうです。その大山から、何かが飛んできました。それは矢で、自分に向かって一直線に飛んできました。

　その夢を見た後、俄然やる気が湧き、宮大工になると決意。70歳をすぎた今でも、宮大工の仕事は途切れることがなく、息子さんたちが事業を引き継ぎ、なんとも幸せだとか。私がこのエピソードを伺ったとき、ちょうど描いていた出雲大社御奉納の大絵馬に、大国主大神（おおくにぬしのおおかみ）と鼠（ねずみ）、鳴鏑がありました。夢が向かう道を教えてくれたというお話です。

# 破魔矢
*(はまや)*

正月の縁起物。神社仏閣などで受け、神棚などに飾り、魔除けとして家を守ってくれる矢。日本で正月に行われていた射礼や破魔打という豊作を占う行事が元で、子どもに「ハマ」と呼ばれる的に矢を当てさせ占った。その風習が簡素化され、今の破魔矢になった。

# もう一度、願いが叶う 開運絵馬

**この絵馬のチカラ** 鳳鳴朝陽（ほうめいちょうよう）

優れた人が大いなる志を発揮する機会に恵まれること。
平和な世の中になること。

この絵馬は、私の目で見た赤く染まった雲に現れた朝焼けの鳳凰（ほうおう）。この鳳凰を見たことが、羽田空港大絵馬（158ページ）に描く鳳凰の絵に繋がっていきました。この世は、見えないご縁で繋がっているのです。

## しあわせの近道

オーストラリア・メルボルンのグレートオーシャンロードに、「十二使徒（じゅうにしと）」といわれる奇岩群（きがんぐん）があります。私は以前、一人で現地を旅行しました。他国の人と一緒の現地ツアーで、バスに4時間揺られて行ったのですが、私は当時、父の病気などでひどく落ち込んでいました。十二使徒を見るためにきたのに心底疲れ、結局、駐車場のバスの中で一人待つことにしてしまいました。帰国後、十二使徒は年々崩れてなくなるかもしれないと知り、ひどく後悔。そのとき、弱い自分と決別するために「もう一度、十二使徒を見にいこう」と決心。そして3年後、今度は空港から自らレンタカーを運転し、十二使徒までたどり着いたのです。何年もかかった達成感を体中で感じました。そのとき、目の前に現れたのが「鳳凰の雲」だったのです。

# 鳳凰
<ruby>鳳<rt>ほう</rt></ruby><ruby>凰<rt>おう</rt></ruby>

中国の神話に出てくる伝説の霊鳥。龍、麒麟、亀とともに四瑞として尊ばれ、東アジア全域で装飾などに描かれている。人間と神とを結びつけ、仲立ちするとも。高貴な存在で、吉兆の象徴。聖天子が現れるときに出現するともいわれている。

# どんな仕事も成功を約束する開運絵馬

**この絵馬のチカラ** 立身栄達（りっしんえいたつ）

社会的に高い地位や身分となり、立派な人となること。

　この絵馬は、私の夢に出てきた不思議な帝釈天（たいしゃくてん）をもとに描きました。夢を見たこの日は、お釈迦様の誕生日であり、悟りを開かれた日でもあり、亡くなった日でもあるという、ウエサク満月（5月頃の満月）なのでした。

## しあわせの近道

　帝釈天は十二天（この世界を守護する「天部（てんぶ）」十二神）で、「東」を守る天部（仏教における天上界）の神様。東は風水では「仕事」の方位です。東の方位とのつき合い方を考えると、仕事運は一気に変わっていきます。家の中で東に帝釈天の像や絵、または梵字（ぼんじ）（仏・菩薩を表した文字、インドのブラーフミー文字の漢訳名）などを飾ると、帝釈天の力を授かり、大いに仕事運が上がります。

　そして、暦で庚申（かのえさる）の日は、帝釈天のお祀りの日。この日に帝釈天を祀るお寺などを訪れ、帝釈天にしっかりご挨拶すると、仕事運がみるみるアップします。天部の中でも高い地位の帝釈天は、見るものの心を奪うほど美しい神様でもあります。

# 帝釈天

仏教の天部の神。とても強い神で阿修羅に勝利し、仏門に帰依させた。真言宗総本山
東寺（京都にある日本初の密教寺院）に有名な象に乗った帝釈天の美しい像がある。
柴又帝釈天（東京都葛飾区）は映画『男はつらいよ』で有名。

第4章

毎日ハッピー！
恋愛運＆結婚運が上がる
開運絵馬

恋愛って、本当にワクワクドキドキ楽しいですよね。
けれどもこれが、つらい恋になったら、幸せな気分も吹っ飛んでしまう。
負の恋愛から生じる心のダメージはとても深い。

体調や肌の調子、今後の生き方にまで影響してくる恋愛・結婚ですが、最高の相手に巡り会えたら、幸せな毎日がやってきます。笑顔ですごせたらハッピーです。

しかし、過去のトラウマから、恋に臆病な人もいるかもしれません。
自分の本心を相手に伝えるのはむずかしい。ただ、自分の気持ちをセーブすることなんてできない。そんな中、本能のまま突っ走ってしまい、相手を困らせ、うまくいかなかった恋愛もあったでしょう。

素敵な人に出会いたい。
ロマンチックな恋をして、幸せな家庭をつくりたい。
この章では、そんなあなたの恋愛運と結婚運を上げるお手伝いをする絵馬と考え方を集めてみました。
どうか、楽しい恋と幸せな家庭が、あなたに訪れますように。

# 運命の出会いを呼び寄せる開運絵馬

### 良縁成就

## よきご縁が結ばれて幸せになる。

この絵馬には、大国主大神と白兎が初めて出会った場面が描かれています。大国主大神はこの後、「意地悪な兄神たちよりも、あなたが美しい姫に選ばれるでしょう」と白兎から言われ、そのとおりになります。

### しあわせの近道

よき出会いを引き寄せるには、恋愛にだけ目を向けすぎないことが大切です。恋愛運だけにとどまらず、「その運がほしい、ほしい」と焦ってしまうと、あなたの想いの強さに、運のほうが驚いて逃げてしまうからです。運も人間と一緒で、怖いと思った人から逃げたくなります。

では、どうしたら素敵な出会いがあるのでしょうか。積極的に恋愛以外のことを頑張ってみてはどうでしょう。仕事でも趣味でもいい。自分の中で恋愛の割合を3割ぐらいにしておくと、ちょうどいいかもしれません。

のめり込みすぎるのはよくありませんが、人と出会うところに積極的に出かけてみるのは大切。意外な出会いがあるものです。仕事も恋も、チャンスはどこに落ちているかわかりません。

# 大国主大神と白兎

出雲大社の御祭神である大国主大神は、若い頃、いたずらから鮫をからかい、鮫から皮をはがされてしまった白兎に出会う。そのやさしい心で、白兎に治療方法などを伝授して助けた。これが「因幡の白兎」のお話として、語り継がれている。

# 素敵な恋愛・結婚が叶う開運絵馬

**この絵馬のチカラ** 恋愛成就（れんあいじょうじゅ）

## 好きな人と恋愛がうまくいくこと。

ハートの威力（いりょく）は、長いこと人々を魅了しています。そのハートがいっぱいの絵馬。恋の成就に効くでしょう。あなたの思いもたくさん詰め込んで、いつも恋が叶うように自分と絵馬のハートに念じてみてください。

しあわせの近道 ————

ハートは不思議なシンボル。体の臓器の一つでありながら、「心」として私たちの想いを形にしています。愛するという表現も、これだけで伝わってしまいます。

それだけ、この形に力があるのです。恋愛に悩んだら、ハートの絵馬の絵をじっくり見た後、紙にハートを赤で描き、そのハートが自分の中に入ってくるイメージをしてみましょう。そのとき、相手を思いやる心が大切です。絵馬のハート、自分の描いたハートを通して、相手にもあなたの愛する気持ちが伝わります。その後、ハートを描いた紙は、部屋に飾っておくか、持ち歩きます。

もし、願いが叶ったら、ハートの真ん中に何色でもいいので「ありがとう」と書いて、白い紙に包んで感謝しつつ、普通に処分して大丈夫です。

# ハートいっぱい

ハートは心臓を表すシンボル。心を意味したり、愛情を意味したりする。赤で表される
ことが多い。古代ローマ時代から愛情表現としてあり、キリスト教ではイエスの心臓の
愛の象徴「聖心」として崇敬される。トランプの4つのマークの一つにもある。

# 気になる人からアプローチされる開運絵馬

この絵馬のチカラ ▶ **他力本願**
（たりきほんがん）

## 他の力で願いを叶え、達成させる。

　ユリシスは、私が母との旅行で行ったオーストラリア・ケアンズで実際に見た蝶です。本当に3回見ました。最初の1匹はまるで私と母を追いかけてくるようでした。そんな異国の幸せの蝶のおすそ分けを、この絵馬でできたらと思います。

### しあわせの近道

　気になる人からのアプローチがほしいとき、見た目やしぐさはとても大切です。蝶も美しいから、人を惹きつけるのです。人は、髪型と服装、化粧などで簡単に印象が変わります。

　新しい恋愛を成就させるために、ぜひ明るく軽やかな服装をしてみてください。きっと、まったく違う人物に見えてしまうくらい魔法がかかるでしょう。人は見た目に自信がつくと、性格も前向きになっていきます。自信が持てると、話し方もしぐさ・ふるまいも変わってきます。なによりも大切なのが笑顔です。なるべく笑顔を見せてください。そうしたら、自然とあちらからアプローチされるでしょう。少しの工夫で必ず何かが変わります。

# 蝶<br>（ちょう）

美しい羽を持つ蝶は春の喜びや、美を表す。縁起がよい虫とされ、洋の東西を問わず大切にされてきた。オーストラリア・ケアンズ付近の熱帯雨林に生息する青い蝶「ユリシス」は、1日3回見ると幸運になるとされ、重宝されている。和名は「オオルリアゲハ」。

# 最高の結婚ができる
# 開運絵馬

## この絵馬のチカラ　家庭円満
### （かていえんまん）

## 家庭の中が安泰で幸せであること。
### （あんたい）

　かわいらしい姫君が、初めての恋にとまどい、ときめいている様子です。無事に2柱の神は夫婦神となり、後世までその幸せな結婚生活を感じさせます。「八雲」とは、幾重にも重なり合う雲のこと。

### しあわせの近道

　結婚した相手とは、いつまでも仲よく暮らしたいもの。なにごとも相手を思いやる気持ちが大切ですが、家族になると、なかなか恋人同士のようにはいかないものです。そこで、家庭運を高めていきましょう。

　まず、氏神様に2人でお参りします。その後、家の中心から東南、南西、北の部分をそれぞれきれいにします。家の東南はご縁と人づき合いの場所。南西はそのものズバリ家庭運と奥様の運気の場所でもあります。北は貯蓄も意味しますが、男女仲がよくなる運もあります。それから、食事も家庭運にはとても大切。季節の旬のものや行事食をともにして、食べ物から運を分け与えてもらいましょう。

# 櫛名田比売と八雲

櫛名田比売は須佐之男命の妻。足名椎命・手名椎命の8人姉妹の末娘（大山津見神の孫）。八岐大蛇の生贄となる直前に須佐之男命の活躍で八岐大蛇を退治し結婚。須佐之男命は「八雲立つ　出雲八重垣　妻籠に　八重垣作る　その八重垣を」と歌った。

# 大好きなあの人と結ばれる開運絵馬

<ruby>相思相愛<rt>そうしそうあい</rt></ruby>

## お互いがお互いを愛し、思い合っている関係。

左手の小指は、赤い糸で結ばれる相手と繋がっているといわれます。誰かに贈り物をする際、相手のあたたかな気持ちが繋がるのを感じます。そのおだやかな心持ちで、どうぞこの絵馬からチカラをもらってください。

### しあわせの近道

新しいご縁の結びを祈る前にやっておきたいことがあります。まずは、昔のダメになった恋愛の思い出はすべて処分すること。古いものを捨て去ることで、新しいいい気が入ってきます。恋愛の場合、自分以外にもう一人、人の気が入ってきてしまうので古い気を一掃し、新しい恋愛を盛り上げていきましょう。

古いものには古い気がべっとり染みついています。一つの恋がダメでも、あなたの可能性は満ちあふれています。

クヨクヨしていても、時間はあなたを待ってくれません。割り切って全部処分してしまい、心も身体も、新しい恋の運気が入りやすいよう、「隙間」をつくっておいてください。

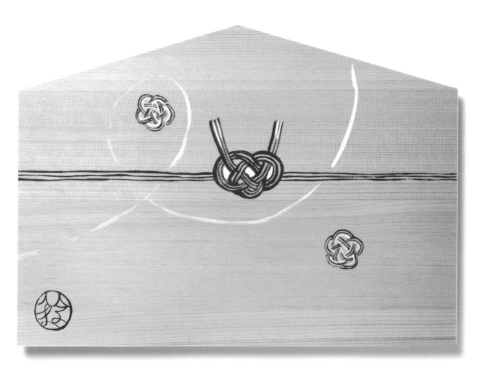

# 結び
<ruby>結<rt>むす</rt></ruby><ruby>び<rt>す</rt></ruby>

<ruby>水引<rt>みずひき</rt></ruby>（祝儀袋などの表に使われる飾り<ruby>紐<rt>ひも</rt></ruby>）の「結び」は、他は開けていないという証拠の意味、人と人とのご縁を繋ぐという意味、そして魔除けの意味などがある。結び方によって意味が変わるので、必要な場によって結び方の種類を変えていく。

# 恋愛に臆病にならない開運絵馬

**この絵馬のチカラ** 勇猛精進（ゆうもうしょうじん）

## 勇気を持ち、強く前に進んでいくこと。

　桃はピンク色で、ま〜るく、甘くてみずみずしい。恋そのものを具現化したような果実です。たくさんの桃を見ながら、桃の不思議なパワーをガッチリ受け取ってください。この絵馬を見ながら桃をいただくといいでしょう。

---

**しあわせの近道**

　恋愛に効く「桃花位（とうかい）」という場所を利用するいくつかの方法があります。一番簡単なものは、自分の生まれた十二支から方位を決め、そこに花瓶にいけた花を飾る、または水の入った花瓶を置くというもの（桃花水法（とうかすいほう））。生まれ年の干支（えと）による花瓶の色と花の本数は次のとおり。

　寅（とら）、午（うま）、戌（いぬ）：東に、青か緑の口が丸いまっすぐな花瓶→花3本か8本

　子（ね）、辰（たつ）、申（さる）：西に、金か銀か白の口が丸く、全体に丸い形の花瓶→花4本か9本

　丑（うし）、巳（み）、酉（とり）：南に、赤か朱色か紫の角ばった、とがった形の花瓶→花2本か7本

　卯（う）、未（ひつじ）、亥（い）：北に、黒か灰色か藍色の曲がった形の花瓶→花1本か6本

　夫婦でそれぞれの場所に置くと、夫婦仲がよくなったりします。

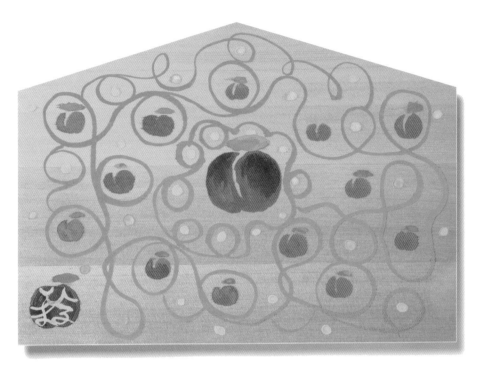

# 桃
もも

『古事記』の中で伊邪那岐命が、伊邪那美命の放った刺客を追い払うために投げた
いざなぎのみこと　　　　　　いざなみのみこと　　　　　　　　　　しかく
のが桃の実である。この功績で、伊邪那岐命が桃に「オオカムヅミノミコト（意富加牟
豆美命）」という神の名を与えた。中国では仙人の食べ物といわれている。

## 恋愛運 結婚運 たくさんの人からモテる 開運絵馬

この絵馬のチカラ **一朝富貴**
<sub>いっちょうふうき</sub>

**急に豊かな身分になること。**

　ピンクの派手な招き猫を、絵馬の真ん中にどんと描きました。招き猫のハッピーな顔を見るだけで気持ちも明るくなります。きっとピンクのチカラでこの絵馬が、あなたにたくさんの素敵な人を招き寄せてくれるでしょう。

### しあわせの近道

　色の効果には驚くべきものがあります。明るい色を見るとハッピーな気持ちになります。人から見えない部分に明るい色を使っても効果的。赤いパンツをはくと、元気になります。

　ピンクは、恋愛運ではとても重要。人を若返らせ、元気にしてくれる不思議な色です。

　恋愛運を上げたいときは、洋服・下着・小物のどれかにピンクを使ってみるのが効果的。逆に恋愛したいときに、黒や灰色など暗い色はNG。ただ、大事な商談のときは、紺色や黒のものを効果的に着るとスムーズにいくこともあるので、ケース・バイ・ケースで色を使い分けてみましょう。

# ピンクの招き猫

風水では、色によって開運の意味が変わる。招き猫でも、猫の色によって意味が変わってくる。ピンクは恋愛の色。ピンクのものを持つと恋愛運が上がるという。ピンクの招き猫を家の東南か西に飾ると、さらに恋愛運がアップしやすくなる。

# 次から次にハッピーが訪れる開運絵馬

**この絵馬のチカラ** ▶ 愉快活発
（ゆ かい かっ ぱつ）

## イキイキと楽しく生きていくこと。

　昔、私が描いた四つ葉のクローバーのデザインが商品化されたとき、ありがたいことにとても好評でした。四つ葉のクローバーはなぜか人を惹きつけます。見つけたときのハッピーな気分といったら表現できません。

### しあわせの近道

　心から幸せを感じる恋や、長続きする恋をするにはどうしたらいいのでしょう？　どんなに相手の気持ちが理解できなくても、相手をコントロールしようとせず、ともに成長していこうと思える心の余裕が必要なのかもしれません。相手の行動にいちいちイライラしてもいいことはありません。相手を変えることはできないと割り切り、自分からおだやかな心を育んでいきましょう。

　恋愛運をよくしたいときは、縁結びの神社にお参りし、その神社の近くで甘いデザートをいただきましょう。甘いデザートは甘い恋愛を招きます。おいしいケーキやパフェ、果物を食べると幸せになりますが、そのとき、心のままに「おいしい」と「幸せ」を感じてください。その甘く、幸せに感じるおいしい経験が、恋愛の幸福体質をつくります。

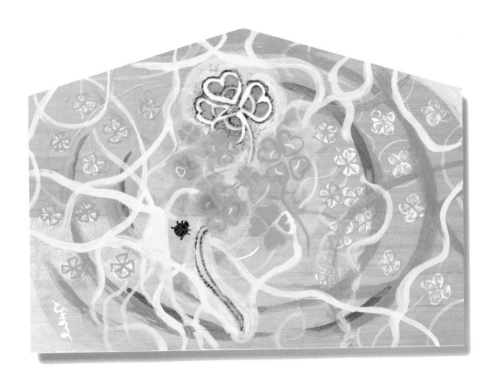

# 四つ葉のクローバー

白詰草(クローバー)は通常3枚の葉で構成されているが、変異体として4枚の葉で構成されることがある。これは「四つ葉のクローバー」と呼ばれ、見つけるのが稀有なことから幸運の象徴とされる。

第5章

長生き健康運アップ！
病気をどんどん遠ざける
開運絵馬

人は健康でなければ、夢をカタチにできません。

健康なときはわからなかったりしますが、病気になると心まで病むものです。

病魔は、いつあなたを襲ってくるかわかりません。

歴史的にも、今から100年以上前、スペイン風邪（1918〜1920）の流行で5000万人以上が亡くなったといわれています。

新型コロナウイルスなどのように、未知のウイルスがまた突然現れるかもしれないので、これからも油断できない状況が続きます。自分の体を守れるのは自分だけ。

病気になる恐怖は、生きている限り続きます。

「人生100年時代」といわれますが、ぴんぴんころりで死ねる人は極めて少数。

だからこそ健康を守るために、心身ともに強くいられるよう、しっかり準備しておきましょう。

この章では、長生き健康運を上げ、病気を遠ざける絵馬と考え方をお伝えします。

# 健康の神様に愛される開運絵馬

## 無病息災
### む びょう そく さい

## 病気が治り、健康になり、元気でいること。

　大国主大神と少名毘古那神は大親友。私は、この2柱の神様の『古事記』のエピソードがとても好き。豊かな青春時代を感じます。そんな仲よしの2柱の絵馬を見れば、病気のほうから退散してくれるかもしれません。

しあわせの近道

「病は気から」といいますが、病気はストレスからきます。以前、夜寝ているとき、無意識に歯を食いしばり、ひどい顎関節症になったことがあります。過度のストレスが原因でした。心と体は一心同体。体は心の痛みにすぐ反応します。どんな人にも、陰と陽の波が訪れます。陰の時期は自分を見つめ直し、成長するための大切な時間。この時期をどうすごすかによって心が大きく成長します。ただ、過度のストレスは体を壊しかねないので、心から楽しいと思える時間をつくって少しずつ取り除いていきましょう。散歩や料理など、子どものときに楽しかったことをやってみて、無邪気な時間をつくりましょう。

# 大国主大神と少名毘古那神

海からやってきた小さな神様・少名毘古那神が大国主大神（大国主命）とともに、国づくりをしていく。両神は相棒としてとても仲がいい。少名毘古那神は「医薬・豊穣・健康」などいろいろな技術を伝授していく神で、一寸法師のモデルでもある。

## 健康運 ぴんぴんころりで長生きできる開運絵馬

この絵馬のチカラ **鶴寿千歳**
かくじゅせんざい

**千年生きる鶴のように長生きできる。**

　この絵馬では、鶴と亀が向き合って何かの会議をしているのでしょうか。亀の尾の長さから、亀がとても長生きであることがわかります。この"鶴亀会議"で、「あなたは長生き確定！」と言ってもらえるようにしたいですね。

---

しあわせの近道

　鶴と亀は、古来より長生きの象徴。特に亀は、海や川で偶然出くわすと、神秘的でとても幸せな気持ちになります。

　私の祖母は、98歳のとき、老衰で亡くなりました。残念でしたが、家族みんなに見守られて亡くなったので、幸せだったと思います。祖母は80代まで元気に働いていました。昔からすごい働き者でした。母曰く、「祖母はとてもよく歯を磨いていて、歯が丈夫だった」そうです。

　ぴんぴんころりで長生きするには、生きがいを持つ、体を動かす、歯を大事にしておいしいものをたくさん食べる、笑って極度のストレスを感じないようにすることが大切。当たり前のことばかりですが、心おだやかに、いつまでも健康でいたいものです。

# 鶴と亀
（つる）（かめ）

鶴は千年、亀は万年生きるといわれる長寿の生き物。長生きできることを願い、昔から縁起のよい組合せとして一緒に描かれることが多い。鶴は一生同じ相手を夫婦とすることから夫婦円満の意味も。亀は金運もよくする。

# 歳をとってもずっと若くいられる開運絵馬

## この絵馬のチカラ　不老長寿（ふろうちょうじゅ）

### いつまでも若く、健康に長生きすること。

　七福神の中でも、とりわけおだやかな空気をつくっているのが寿老人（じゅろうじん）と福禄寿（ふくろくじゅ）です。この2柱の神様は同一ともいわれています。そんなおだやかな雰囲気を絵馬にしてみました。長く、長く、この安心した時が流れますように。

### しあわせの近道

　あなたは寝る意味を大切にしていますか？　寝ることは健康運にとってとても大切です。

　寝るという行為は運を貯めること。寝ている間に、明日の自分の運気の作戦会議を、自分の心と体がしていると考えましょう。運をきちんと貯められるかは、寝ているときに決まります。

　では、どうしたらよい運を貯めていけるのか。一番は安眠、熟睡。早く床につき、十分な睡眠をとることです。寝不足だと、運気の作戦会議ができなくなってしまいます。作戦会議に自分が出席できなかったら意味がありません。その会議の答えは、夢にも出てきます。夢を見る人は、開運メッセージとして捉え、その意味を考えてみるといいでしょう。あなたが覚えていることは、自分を守ってくれる人たちからの大切なメッセージ。ぜひ現実に役立ててみてください。

# 寿老人と福禄寿

2柱とも七福神の中の神。寿老人（左）も福禄寿（右）も中国が起源で、道教の神仙とされている。どちらも長寿の神で、同一とも考えられている。道教の生を司る、南極星である南極老人の化身ともいわれ、中国では星に宿る神として祀られている。

# きれいで魅力的になる
# 開運絵馬

## 眉目秀麗

**容姿がとても美しく優れていること。**

　毎年、描かせていただいている甲斐國一宮淺間神社（山梨県笛吹市）の干支絵馬（150ページ）が、この木花開耶姫命です。私にとってかわいくポップに描いた初めての絵馬でした。木花開耶姫命のように美しくなりましょう。

---

### しあわせの近道

　美容運を上げるには、美しい御祭神の神社にお参りしましょう。「木花開耶姫命」、または宗像三女神の末っ子の女神「市杵島姫命」がとても美しく、美人になる御利益があるとされています。また、市杵島姫命は弁財天と習合（神仏習合）していることがあり、弁財天も大変美しいとされているので、金運と美容運アップにお参りするといいでしょう。

　美に効く方位もあり、あなたにとって南方位が吉方位のときにその方角に旅行する（吉方位旅行）と、美しくなるといわれています。東南方位も髪と肌が美しくなりやすい。吉方位旅行で、現地でおいしい水を飲むのもいい。家の南方位、東南方位をきれいにするのも効果的。観葉植物や花を飾るのもOK。家の姿を映す玄関の鏡をピカピカにしておくのも美にとてもいいです。

<ruby>木<rt>こ</rt>花<rt>の</rt></ruby> <ruby>花<rt>はな</rt></ruby><ruby>開<rt>さく</rt></ruby><ruby>耶<rt>や</rt></ruby><ruby>姫<rt>ひめ</rt></ruby><ruby>命<rt>のみこと</rt></ruby>

# 木花開耶姫命

とても美しい女神。大山津見神の娘で、邇邇芸命の妻神となる。邇邇芸命は一目惚れした。性格もやさしく、意志も強い。そして桜のように華やかな見た目であった。しかし、とても短命だったという。「木花之佐久夜毘売」などとも書く。

# 疫病から守られる
# 開運絵馬

## この絵馬のチカラ ▶ 疫病退散
（えきびょうたいさん）

**悪い病気を退散させ、疫病に勝つこと。**

　コロナ禍の日本で、突如現れ、みんなを明るくした妖怪「アマビエ」。私も小さな色紙のアマビエを描き、伊勢の神宮会館で特別販売しました。そのアマビエを、この絵馬ではキラキラ度を増し、少しコミカルに描きました。

### しあわせの近道

「疱瘡神（ほうそうしん）」をご存じでしょうか。これは、病気自体も神様にして祀った神社です。疱瘡とは、天然痘（てんねんとう）。どこの神社にもあるわけではありませんが、祀っている神社も多々あり、天然痘が流行った際にたくさん建てられたと考えられています。初詣の際、私は氏神様の境内社（けいだいしゃ）である疱瘡神社が、なぜかとても気になりました。「天然痘って、もう根絶されたのに、なぜ疱瘡神社は今も残されているのだろう？」。伝染病が爆発的に流行るなんて、現代の医学では考えられなかったから。すると、その年、世界中で新型コロナウイルスが猛威をふるい始めました。驚くのは、疫病すら八百万（やおよろず）の神様にして祀った昔の日本人の視点。豊かな心で共存していこうというご先祖様からのメッセージのような気がします。

# アマビエ

日本の妖怪で、肥後国（現・熊本県）の海から光り輝き上がってきた。「アマビエ」と名乗り、「当年より6か年の間は諸国で豊作が続く。しかし同時に疫病が流行するから、私の姿を描き写した絵を人々に早々に見せよ」と予言を残し、海に消えたという。

# 心身ともに体調がよくなる開運絵馬

この絵馬のチカラ ▶ 心身一如（しんしんいちにょ）

## 心と体は一体であり、両方を大事にするということ。

　私の大好き猫さんシリーズの「薬師如来（やくしにょらい）」。自由な気持ちで描きたかったので、猫仏様仕様の絵馬にしました。こうして仕事も遊びも楽しむ。これこそ心身一如、健康運アップ、間違いなしです。

しあわせの近道 ──

　心と体の血流をよくすることは、とても大切です。体は、この世に生まれたときの容れ物であり、借り物ですから、自分たちの思ったとおりにはいきません。だから病気もするし、バランスを崩して心も病むのです。しかし、体内の血液は、ご先祖様が長い時間をかけて紡（つむ）いできた、あなたへの贈り物です。そこには私たちの祖先のいろいろな想いが刻まれ、日々の生活がうまくいくよう祈りが込められているのです。

　だからこそ、きれいな血が体を流れるのはとても大切。サラサラの血が健康をつくるのです。マッサージ、ヨガ、白湯（さゆ）を飲む、ぶらぶら散歩する……少し工夫するだけで血流がよくなり、ご先祖様から受け継いだ力をたっぷり享受できるのです。

# 薬師如来
やくしにょらい

正式には「薬師瑠璃光如来」といい、またの名を「医王如来」という。薬師如来は医
薬の仏様であり、来世ではなく、現世で救いの手を差し伸べてくれる仏様。老若男女
を問わず、病気を癒し、健康を祈ってくださるあたたかな仏様である。

# トイレに飾るだけで
# 運気がアップする開運絵馬

この絵馬のチカラ ▶ **長命富貴**（ちょうめいふうき）

**長生きしていて、財産もあり、身分も高い人。**

　この絵馬はトイレに飾るだけでトイレを浄化させる神様です。家の運気は玄関とトイレがとても重要です。トイレに飾ると、ずっと見守られている安心感があります。烏枢沙摩明王（うすさまみょうおう）の浄化のチカラを借り、家ごと運気を上げましょう。

## しあわせの近道

　トイレは健康運だけでなく、金運や仕事運などにも関連してくる重要な場所ですが、どうしても不浄になりやすいところ。トイレは私たちの不要なものを流してくれるので、運気アップにはとても重要です。トイレ掃除をすることで、家全体の運気を上げられます。

　私も、トイレ掃除に力を入れピカピカにした日に臨時収入があったり、決まっていた旅行代金が急に8万円も値下げされたりしたこともありました。

　烏枢沙摩明王（うすさまみょうおう）は強くてやさしい仏様です。他の神様仏様が不浄で嫌がるトイレを率先して守る担当になったそうです。トイレに烏枢沙摩明王の絵馬を飾り、トイレ掃除を熱心にやると、烏枢沙摩明王が喜び、健康運も金運も爆上がりするかもしれません。楽しみにしていてください。

# 烏枢沙摩明王
うすさまみょうおう

烏枢沙摩明王は、この世のすべての不浄を焼きつくす火の仏様だが、人間界の家の中では一番不浄とされるトイレを率先して守り、慈悲の心で家中を浄化へ導くやさしい明王でもある。密教では五大明王の一尊である宗派もあり、偉大な仏様である。
いっそん

# みるみる筋力がアップする 開運絵馬

## 容貌魁偉
ようぼうかいい

### 顔つきも体つきも立派でたくましく堂々としていること。

　建御雷神を語る際、有名な2つのシーンがあります。縦にした剣の上に座る
たけみかづちのかみ
力比べのシーンと、地震を起こすナマズを抑えるシーンです。この絵馬を見て
から筋トレすると、いいことがあるかもしれません。

しあわせの近道

　自然の中にある神社仏閣に参拝すると、筋力アップに効果的です。神社仏閣を散歩の最終
目的地にすると健康にもいいです。それ以上、筋力アップしたい方は、山深い神社仏閣の奥宮
にお参りするといいでしょう。
おくのみや

　昔から、修験道者たちはこうやって心も体も鍛えてきました。奥宮がある神社は多く、そこま
しゅげんどうしゃ
での道は険しい。普段使わない筋力を使うので、奥宮に行った翌朝はひどい筋肉痛になること
請け合いです。東京・高尾山なども、山頂まで自力で登れば翌朝、筋肉痛になるでしょう。

　体を鍛えつつ、自然の中でおいしい空気を吸いながら神様たちと仲よくなる。昔から修験道
者たちは、一石二鳥にも三鳥にもなることを身をもって体感していたのでしょう。

# 建御雷神
<ruby>建<rt>たけ</rt></ruby><ruby>御<rt>み</rt></ruby><ruby>雷<rt>かづち</rt></ruby><ruby>神<rt>のかみ</rt></ruby>

建御雷神は、とても力の強い神。天照大御神の命令で、大国主大神に国譲りの話をしにいく役目を受けた。そのとき、反対した大国主大神の息子の一柱である「建御名方神」と力比べし、一捻りで勝利。建御名方神は諏訪（長野県）に逃げた。

第**6**章

すべてま〜るくおさまる!
人間関係運を上げる開運絵馬

人の悩みの9割は、人間関係が原因といわれています。

人に好かれたいと思う気持ちは、誰にでもあります。

人から嫌われるのが怖くて、うまく人とコミュニケーションがとれない。

人を信用するのも、人に信用されるのも怖い。

そんな人も多いでしょう。

本当はあの人を信じたい、本当は自分を信じてほしい。

そう思っても、裏切られるのが怖くて何もできない。

さすがに、何十億人いる地球の人すべてに好かれるのは、神様でもむずかしい。

どんなに好感度が高い歴史上の偉人でも、その偉人を大嫌いな人は必ずいます。

だから、すべての人に好かれようとしなくていい。

そう思えば、少しラクになるかもしれません。

この章では、**人間関係運を上げ、人との悩みをサポートする絵馬や考え方**を
お伝えします。

## 人間関係運

# 家族や友達みんなと幸せにすごせる開運絵馬

**この絵馬のチカラ** 一衣帯水（いちいたいすい）

## 互いの関係が深いこと。

めでたいことは大きいほうがいいですね。海の魚たちは水なしでは生きていけません。ですから、「青海波（せいがいは）」の文様が入った大きな水の玉を描きました。あなたの"目出鯛（めでたい）"がイキイキ長く続くことを願っています。

### しあわせの近道

江戸時代に、恵方（えほう）（歳徳神がいる方位）にある神社にお参りする習慣が流行りました。立春（りっしゅん）（2月4日頃）から2週間以内に自宅から恵方にある神社に恵方詣（えほうまい）りすると、その一年の運がよくなるといわれています。恵方は乙（おつ）・庚（かのえ）の年は西南西、丙（ひのえ）・辛（かのと）・戊（つちのえ）・癸（みずのと）の年は南南東、丁（ひのと）・壬（みずのと）の年は北北西。恵方詣りは、ついで参りはよくなく、一番気になる神社一つに絞り、一年間に何度も行くのがおすすめ。ただし、稲荷神社とお墓は恵方詣りには向かず、稲荷神社には、初午詣（はつうまもうで）（2月最初の午（うま）の日に行う稲荷神社のお祭り。毎年日にちが違う）のなるべく午前中に参拝を。立春の他、春分（しゅんぶん）（3月20日か21日）、夏至（げし）（6月21日頃）、秋分（しゅうぶん）（9月23日頃）、冬至（とうじ）（12月22日頃）に行くといいです。大切な願いを一つに絞って楽しくお願いしてください。

# 目出鯛
めでたい

頭から尻尾まで焼いたものを「目出鯛」といい、そのままの語呂の響きでめでたい縁
起物となった。鯛の色も朱赤でお祝いの席にふさわしく、昔から重宝されてきた。鯛が
えびす様と一緒によく描かれているのも、めでたさの象徴（27、35、47ページ参照）。

# 強い心で堂々と生きられる
# 開運絵馬

**この絵馬のチカラ** ## 意志堅固（いしけんご）

**物事をやりぬこうとする意志が強いこと。**

　この絵馬は、不動明王（ふどうみょうおう）のように、誇り（ほこ）を持ちながら、悪い心を寄せつけない強いあなたでいられますように、という願いを込めて描きました。どうしても心が負けそうなときは、この絵馬からチカラをもらってください。

しあわせの近道

　不動明王は憤怒（ふんぬ）の表情なのに、ちゃんと人を救ってくれます。怒りにはそれだけの力がある。怒りは、人生を切り拓くために必要です。怒りは悪い感情とされがちですが、必要だからこそ私たちに備わった感情でもあるのです。それを、どう自分の力に変えていけるかが大切です。逆に、この力を自分の未来に活用すると、新しいパワーが身につきます。怒りは行動の原動力になるからです。怒りを感情のまま出すのではなく、いったん自分の中で寝かせ、生きる栄養にしていくのです。人への嫉妬心も、一度深呼吸して、じっくり変化させながら力にしてみてください。怒りや嫉妬の強い力に苦しめられてきたあなたも、絵馬を見ながら見方を少し変えれば、自分を大きく成長させる原動力として活かせるかもしれません。

# 不動明王
ふ　ど　う　みょう　おう

救済がむずかしい魂も、力ずくで救おうとする不動明王。大日如来の化身とされる。
やさしさだけでは救えない人たちを救うため、あえて自ら如来から明王に身を下げ、怒
りをもって人々を救おうとする。手に持った剣と縄（羂索という）で悪の心を縛り上げる。

# 人との関係がおだやかになる
# 開運絵馬

**この絵馬のチカラ** ## 氾愛兼利
（はんあいけんり）

## 区別なく人を愛し、互いに利益を得る。

　月読命（つくよみのみこと）と同じく、重要なのにほとんどストーリー内に出てこない不思議な神様が、菊理媛神（くくりひめのかみ）です。『古事記』には登場せず、『日本書紀』だけに登場します。仲を取り持つなんて、とてもやさしい女神。絵馬には菊の花も添えてみました。

---

しあわせの近道

　ある宮司様から伺ったお話です。トヨタ自動車の豊田章男（とよだあきお）社長が、実際お話しされたことだそうです。毎年、伊勢神宮に参拝される豊田社長ですが、あるとき、内宮（ないくう）の参道に生い茂る木々の枝が、曲がりくねって伸びていることに気づきました。

　そこで同行した神職の方に、「この木は、なぜこんなに横に長く伸びているのか」と聞いたところ、神職はこう答えました。「木の枝がわずかに漏れる光を一所懸命求めて自ら伸びたからです。そうした木々は強くなり、伊勢湾台風などの大きな試練も乗り越えることができたのです」

　豊田社長は、「人生においてあるべき姿を、伊勢神宮の木々に教えてもらった」と大いに感動されたとか。とってもいいお話ですよね。

# 菊理媛神
くくりひめのかみ

菊理媛神は、『日本書紀』だけに登場する謎の女神。伊邪那岐命と伊邪那美命の泉平坂での言い争いの際に、真ん中に立っておさめた。菊理媛神の「くくる」は「括る」につながり、縁結びの神でもある。

# よい人間関係が末長く続く開運絵馬

> この絵馬のチカラ

## 一期一会（いちごいちえ）

**一生に一度出会えるかどうかの大切な出会い。**

風にも神様がいるというのが、八百万（やおよろず）の神様を大切にする日本人らしいところです。見えない形のない風にも意思があります。あなたも、いろいろな場所に風に乗って、よい人間関係を続けていきましょう。

### しあわせの近道

陶器が欠けてしまったとき、「金継ぎ（きんつぎ）」という修復方法があります。漆（うるし）を使って接着し、金などで装飾して新しい味わいのある陶器にします。陶器は割れて壊れてしまいますが、気に入った一点ものが割れたときほどガッカリすることはありません。ただ、大切なものほど簡単に壊れてしまうもの。欠けるものだからこそ、完成した姿は尊く見えるのです。

しかし、それをすぐ捨てずに、きれいに金継ぎで直し、新しいデザインとして使う精神が素晴らしい。陶器だけでなく、人づき合いでも、自分の心が傷つくこともあるでしょう。人も、ものも一緒です。欠けた部分をきれいに補っていくことで、元の自分とは変わることができる。そして、新しい「あなた」という価値が誕生するのです。

# 志那都比古神
しなつひこのかみ

風の神とされる。『古事記』では伊邪那岐命・伊邪那美命の間の御子神であり、『日本書紀』では伊邪那岐命が大八洲国（日本列島）にかかった霧を吹き飛ばすために吐いた息が、志那都比古神になったという。「シナ」とは元々「長い息」という意味。

# ぜったい合格！
# 開運絵馬

**この絵馬のチカラ** ▶ 合格祈願
（ごうかく きがん）

## 合格を祈り願うこと。

　達磨さんの両眼を先に入れて、どんな試験にも合格するように描きました。きっと未来が輝くような道に進めるよう、達磨さんが応援してくれるはずです。あなたの未来は楽しいことでいっぱいですよ。

### しあわせの近道

　お世話になったあの人に「お礼」をきちんと伝えることができる人は、どんどん幸せが巡ってきます。古くから日本人がハガキや手紙を出したり、贈り物をしたりしてきたのは、相手を慮ってきたからこそ。縁起物を贈れば、相手もハッピーになるでしょう。

　縁起物では、達磨、招き猫、ふくろう、カエル、鯛、鯉、たぬき、猿など日用品として使えるものがいいでしょう。手ぬぐい、箸や箸置きなどもいいですね。陶器のお皿に縁起物が描いてあるのもおすすめ。神社の御神供（神様に神饌として捧げた後のおさがり）などにも使われているようなものだと縁起がさらにいいです。神社によって違いますが、たとえば、鰹節、昆布、塩、干菓子、日本酒、緑茶などです。

# 達磨
（だるま）

インドから中国へ仏教を伝えた僧侶の達磨大師がモデル。9年間、壁に向かって座禅
修行し、手足が腐ったという伝説がある。そんな伝説があるほど、達磨大師は人々に
頼られ、信頼され、尊敬されているのだろう。

# ふくふくの人間関係に 恵まれる開運絵馬

## 一団和気（いちだんのわき）

**安らぎ、やわらかでなごやかな様子。親しみやすい人。**

観音様（観世音菩薩）はやさしい。その大きな心を受け取るよう、この絵馬の観音様は幸せを運ぶ愛らしい「黒猫」。絵のこの子は、大いなる菩薩の愛を受け、今はお空に還りました。

しあわせの近道 ───────

「菩薩」と「如来」の違いとは何でしょう？　如来とは「真如来現」の略で、「真如＝大宇宙の真理」「来現＝すべてを悟り開いた者」の仏様です。

　菩薩とは「菩提薩埵」の略で、「菩提＝仏悟り」「薩埵＝求める人」。つまり、仏の悟りを目指し、如来になるために修行している者です。観音様は「一人残らず救いたい」とあらゆる人を観て話を聞こうとしているので、この名になっています。

　観音様のすごいところは、「一人残らずみんなを救いたい」というこだわりを、どうしても捨てられないことから、悟りを開けず、如来になれず、菩薩のままいるところです。観音様が長い間、慕われるのは、自己を犠牲にしてでも、人々への愛を貫くやさしさゆえなのでしょう。

# 観世音菩薩

<ruby>観<rt>かん</rt></ruby><ruby>世<rt>ぜ</rt></ruby><ruby>音<rt>おん</rt></ruby><ruby>菩<rt>ぼ</rt></ruby><ruby>薩<rt>さつ</rt></ruby>

大乗仏教の代表的菩薩。観音様と略称で呼ばれ、「観自在菩薩」とも訳される。悩める者を救い、大いなる慈悲の心で人々を癒す。世間の人々の苦しみや悩みの声を聞き、ただちに救済する。救う相手によって姿が変わるという。

# まわりの人たちに
# 大切にされる開運絵馬

この絵馬のチカラ ▶ 円満具足（えんまんぐそく）

**すべてに満ち足りている状態。**

　この絵馬は、23年間、私の一番の心の支えだった愛猫がモデル。とてもお
だやかな子でした。この絵馬を見るだけで、いつもそばで見守ってくれる身近
であたたかな存在のありがたみを少しでも感じていただけたらと思います。

しあわせの近道

　心が疲れて癒されたいときにおすすめなのは、一人で日向（ひなた）ぼっこをすること。

　日向ぼっこは、太陽の化身である天照大御神（あまてらすおおみかみ）と向き合い、その力を一対一で浴びることが
できます。手軽だけど、実に効果的な開運法です。天照大御神だけではありません。自然の
八百万（やおよろず）の神様とも静かな心の会話ができます。

　陽を浴びながら、風を受けながら、たまに目をつぶって、まぶたに太陽の光を感じながら瞑
想してみてください。何も考えなくていいのです。大きな深呼吸を何度も繰り返してみましょう。
風も八百万の神様のお一人。身体中に光と空気の神様が巡るように感じてみてください。あな
たの中で力となり、あなたの中に眠る「開運力」に目覚めていきましょう。

<ruby>大<rt>だい</rt>日<rt>にち</rt>如<rt>にょ</rt>来<rt>らい</rt></ruby>

# 大日如来

「大いなる<ruby>日輪<rt>にちりん</rt></ruby>」という意味の仏様。太陽が進化して大日如来に。密教では「宇宙の真理」
といわれ、宇宙そのものが大日如来。すべての生き物は大日如来から生まれたとされる。
時には<ruby>不動明王<rt>ふどうみょうおう</rt></ruby>など如来から明王に格を落としてまで自ら人々を救いにいく。

第7章

東京・京都・出雲の
八百万の「神様絵馬」と
春夏秋冬「季節絵馬」

前に八百万の神様、土地神様に触れましたが、私たちの住む街のそこかしこに神様はいて、私たちを見守ってくれています。

ビルの壁、窓、看板、道路など至るところにいます。


あなたに必要な神様が街の中にいます。

また、一生に一回も会わない神様もいるかもしれません。

それが「街の空気感」となります。

にぎやかな街でも、静かな街でも、神様はあちこちにいる。

無数の神様と、あなたと気の合う神様とのご縁を結んでくれるのが、その土地に根づく神社です。ですから、その神社の大切さがわかりますよね。


四季のある日本は、古来より自然が美しい。四季折々の自然が私たちを楽しませ、癒しを与えてくれます。


八百万の神様とご縁を結び、季節を味わいながら深く楽しめる方法があります。

そのために必要なのが、四季を感じる暦「二十四節気」と「七十二候」（季節の移ろいを感じる「節気」と「候」は四季を24に分け、さらにそれを72に分ける。二十四節気は中国発祥で、太陽の動きを元にして考えられている）の知識です。

季節を知り、四季を実感できる暦は、家族みんなでも一人でも楽しめます。

この章では、東京・京都・出雲の八百万の「神様絵馬」と春夏秋冬「季節絵馬」の考え方を紹介します。

# 若者街で突然アイデアが
# ひらめく神様絵馬

　東京・渋谷はいわずと知れた若者の街。目まぐるしく新しいことが起こる若いエネルギー、陽の気にあふれた街です。

　しかし、地名に「谷」とあることから、元々は谷があり、陰の気も含まれています。

　この陰陽のバランスがこんなにも強く集まっている土地は世界的にも珍しいかもしれません。

　陽と陰がぶつかり合い、人を引き寄せるものすごいパワーの源になっているのです。

　あまりの街のパワーに圧倒され、そこにいることがつらい人もいるかもしれません。

　この街には、陰陽、さまざまな力のある神様が集まってきます。

　若いエネルギーは神様の栄養となり、新しいものをどんどん生み出していく。

　新しい神様が生まれては消えてゆく。その生成消滅サイクルがあまりに激しいので、この街の魅力に酔ってしまうのでしょう。

　この街では、新しいことを考えるのがベストです。斬新なアイデアがほしい人は渋谷に行き、そこに集う人たちを眺め、喫茶店で考えごとをしてみましょう。この絵馬にも、新しいアイデアが浮かびやすいように少しやんちゃな神様を描いてみました。

　他の人がびっくりするようなアイデアが、突然、ひらめくかもしれません。

東京の八百万の神様①

# 渋谷スクランブル交差点

# あなたのステータスが
# ぐんと上がる神様絵馬

　東京・銀座は、落ち着いた大人の街。有名ブランドが集まり、きらびやかで華やかな社交的な街。世界中の"贅"が集まるお金の街でもあります。

　それもそのはず。この地は、江戸時代、その名のとおり、銀を鋳造する場所でした。

　銀座は、その銀のエネルギーを持ったまま、人々のあこがれとともに発展してきたのです。

　誰もがあこがれを持ち、大人になればなるほどその魅力に引き寄せられてしまう不思議な街・銀座。この街には、とてもスマートでさわやかな風のような八百万の神様が集まっています。

　美意識の高い女神様も、おしゃれを楽しんでいます。

　お金の神様もたくさん集まってきますが、不快さはありません。本当のお金の力を知った神様たちだからです。

　きれいになりたい人やお金を呼び寄せたい人にも、銀座は美食の街なので最適。評判のお店に行き、おいしいものを食べ、帰りは銀座の空を眺めながら、いろんな通りをぶらぶら歩いてみてください。

　この絵馬はあなたのステータスが大いにアップするように、意識の高い神様たちを描きました。あなたのステータスがぐんと上がることでしょう。

# 東京の八百万の神様②
# 銀座4丁目交差点

# 伝統の街であなたの
# 文化教養レベルが高まる神様絵馬

京都は歴史と伝統の街、そして雅な街です。神社仏閣に集う人たちの意識も高い。風光明媚な場所も多く、世界中の人を一度で虜にしてしまうスペシャルな街・京都。

日本の歴史の中で何度も政治の中心になったのは、風水的に好条件が備わっている地形が影響しているからかもしれません。

京都の人たちが長年、つくり上げてきた独自の文化が、日本の美しさそのもの。

なかでも祇園は、京都の歴史と伝統を凝縮した街の象徴です。

この街の八百万の神様は、人間と同様、その雅な世界観に満足しておられる様子。

色彩を楽しみ、建物の美しさにうっとりし、おいしいものを楽しんでいるのでしょう。

土地自体がとてもいい雰囲気なので、神様たちの居心地もいいようです。

京都に行ったら、歴史的建造物・神社仏閣・庭などを拝観し、文化的な目を養っていくと、この街と相性がよくなります。私にとって京都は、自分の中の文化教養レベルが高まる大切な場所なのです。

あなたの文化教養レベルが高まるよう、この絵馬では八坂神社のまわりの神様を描きました。これであなたの文化的センスも上がります。

京都の八百万の神様

祇園・八坂神社前交差点

# 神様だらけの街で日本国中の神様に愛される神様絵馬

　島根・出雲は全国の神様が集う地です。

　年に一度、出雲では神在月（旧暦10月＝新暦11〜12月頃）に行われる「神在祭」で全国の神々が出雲大社に集まり、来年のご縁について会議します。

　神々は神迎祭で稲佐の浜から出雲に上陸し、神職の先導で出雲大社へ向かいます。この会議には、自分たちのすぐ近くの氏神様や産土神様も参加されていて、あなたのご縁（すべての運へのご縁）について会議にかけられます。

　ここで、どうなるかは、あなたのその年の行動力がカギとなります。

　あなたの氏神様は、あなたの運がよくなるよう、大国主大神様に相談します。

　ですから、そんな氏神様には日々きちんとご挨拶しないといけません。

　出雲に神様が訪れている間、他の全国地域では「神無月」といいますが、これは神様がいないということではなく、分身の神様が残って守ってくれています。

　また、大国主大神様との関係で、心やさしいえびす様が留守を守る、という説もあるようです。出雲がすべての土地神様たちの会議の中心地になると考えると、改めて出雲はすごいと思いませんか。

　この絵馬にも、日本中から神様が稲佐の浜に集まる様子を描きました。

　あなたの願いが叶いますように。

出雲の八百万の神様
神迎祭の夜の稲佐の浜

# 新しい人と新しい自分に出会える季節絵馬

**春**

　季節は、運と密接な関係があります。立春と春分は季節を分ける大切な日。立春は、暦の上でお正月。命が芽吹き、新しく何かが動くとき。春分は、昼と夜が半々になる日で、この日から昼が長くなります。昼は太陽の力、夜は月の力ですが、太陽の力が増えていくときに、新しいチャレンジをしていくと、新しい自分が生まれてくるのです。

　一年通した年中行事で季節を感じることが、八百万の神様と仲よくなる近道。

　お正月は初詣、七草は七草粥、節分は家族で豆まき。みんなで季節を実感することで、季節の神様との距離が縮まり、運をつかむチャンスを手に入れやすくなります。春は新しい出会い運や結婚運なども上がりやすい季節です。

【立春】暦の上で春を告げる日。新しいスタートの意味のある日（2月4日頃）。この日、禅寺などで「立春大吉」と書かれた紙を門に貼る習慣があります。「立春大吉」を縦書きにすると、左右対称です。これは鬼を混乱させて門から出ていかせるためだとか。家でも玄関や柱などに貼って鬼を追い出し、恵方詣りにも行きましょう。

【雨水】雪が雨に変わり、氷が溶け出す雨水は、農作業の準備のはじまり（2月18日頃）。春一番も吹きます。雨水の時期に、桃の節句のひな人形を飾ると、女の子は良縁に恵まれるといわれています。

【啓蟄】冬ごもりしていた虫たちが動き始める頃（3月5日頃）。3日間寒い日が続いた後、4日間あたたかくなり、また寒くなるというように7日周期で寒暖が繰り返される「三寒四温」で本当の春になり、太陽から春のエネルギーを受け、芽吹いていく時期。

【春分】昼と夜の長さが半分ずつになる日（3月20日頃）。この日から夏至まで昼の時間がだんだん長くなります。「彼岸の中日」の春分は、真西に近いところに太陽が沈みます。極楽浄土は真西。ご先祖様と繋がりやすい方角です。あなたを支えてくれている多くのご先祖様を身近に感じ、味方になってもらいましょう。

【清明】生命すべてが春の空気の中、清らかに明るく息づいている様子を示しています（4月5日頃）。清らかな心を保つために、新しい春の空気を吸い込んで、じっくり感じてみてください。生命の息吹を感じたとき、あなたの中に新しい力が入ってきます。

【穀雨】穀物に栄養の雨が降り注ぐ頃（4月20日頃）。穀物に大切なこの時期の雨は、あなたの人生にも栄養になる春雨です。たくさん栄養をもらいましょう。

旧暦のはじまりは立春から。ここから少しずつ春を感じ始め、新しい年のはじまりを肌で感じる。希望に満ちた季節のスタート。この時期に強い南寄りの風（毎秒8メートル以上の風）が吹くと「春一番」となる。花や草木の芽吹きが少しずつ感じられ、朧月夜や梅や桜の満開など、あたたかくなる空気を感じて楽しむ。

### この絵馬のチカラ

　紅白の梅が咲き乱れ、いよいよ待ち望んでいた春がやってきました。春本番はこれから。鳥たちもうれしそうに歌を奏でています。春の気は、あなたに、新しい運命の光を連れてきてくれるでしょう。

夏

## 熱い情熱で上昇気流に乗る季節絵馬

### しあわせの近道

　猛暑の夏は、上昇気流に乗る大切な季節です。太陽が一番高いところに上がるので、仕事運や恋愛運が上がりやすい時期でもあります。このパワーを活用し、自分が高い位置に上がるイメージで夏とつき合いましょう。盛夏前には夏至があります。この日は昼が一番長くなりますが、夏至にこそ夏の力強さをいただきましょう。まずは夏至の朝日を拝んで、こう声に出してみます。「天照大御神様、私はあなた様のような清く力強い魂を目指します。どうか見守っていてください」。そして一礼します。できたら「二礼二拍手一礼」を太陽に向かって行いましょう（太陽は天照大御神様の化身ですので）。そして、夏の大いなる力を体内に取り入れていくために西瓜、トマト、キュウリなど、旬のものを食べると運気がアップしやすくなります。

【立夏】暦の上で夏のはじまりを告げる日（5月5日頃）。一年でも一番さわやかで気持ちのいい季節。キラキラ新緑が輝きます。春分と夏至の中間で端午の節句もあります。子どもたちの成長をきちんと祈ってください。子どもは未来への宝物です。

【小満】あらゆる生命が天地にイキイキ満ち足りて生長する頃（5月21日頃）。この頃はすべての生物が力強く育つ時期です。命の栄養をここでふくらますかのごとく、麦などは大きく実り、青葉は青々として生きることを謳歌。私たちも明るく心も軽い季節です。

【芒種】イネ科の植物の種をまく頃（6月6日頃）。「芒」とは穂先のある針のような毛のこと。稲や麦は、私たちが生きていくうえで大切な主食となる植物。食物となる命は私たちが育てるのではなく、育てさせていただいているのです。

【夏至】北半球で一年のうち、最も日が長くなり、夜が短いこの時期は、太陽の力が最大になります（6月21日頃）。そのため夏至前は、あまりのエネルギーに心や体が疲れてしまいますが、ここは気分転換のチャンス。新しいことにチャレンジしてみてください。

【小暑】長い梅雨も終わり、強い日差しが照りつけ、夏本番がやってきます（7月7日頃）。小暑と次の大暑を合わせて「暑中」といい、「暑中見舞い」を出す時期。小暑までに出すのは「梅雨見舞い」、立秋（8月7日頃）以降は「残暑見舞い」となります。

【大暑】一年の中で一番暑い頃（7月23日頃）。「土用の丑の日」もあり、「う」のつくものを食べます。うなぎが有名。この時期の農業・建築などの「土いじりはじめ」「建築はじめ」「大きな決めごと」などはよくないとされています。

青々とした木々や空の色に元気をもらうのが夏。暑いからこそ人は活動的になり、楽しいことが起こる。入道雲が出て、激しい雨を降らせる。驚くほど強い日差しの下で食べるかき氷がとてもおいしい。自然の中では、カエルの鳴き声や蝉の鳴き声が激しい音楽のように響き、刹那の命を謳う。

## この絵馬のチカラ

　風鈴の音が響きわたる夏。空には大きな入道雲。このチカラを蓄えた雲はやがて夕立となり、地上に雨を降らせる。

　あなたが力強く才能を活かしたいとき、前に進みたいとき、この夏真っ盛りの絵馬を見てください。チカラがみなぎるかもしれません。

# すべてが結実し、仕事運・金運がアップする季節絵馬

しあわせの近道

　すべてが結実する秋は、仕事運や金運が上がる季節です。秋は、植物の命が詰まったおいしいものがたくさんあるので、たくさんいただきましょう。食べ物は体をつくる大切な素材。食べ物の源は、すべて命を持った生き物たち。食べるとは他の生命をいただくこと。たった一つの魂をその命からもらうことなのです。昔の人は、稲に対する五穀豊穣の感謝の気持ちの念が強くありました。手を合わせ、「いただきます」と声に出してから、いただきましょう。栗やきのこ類、芋類、柿や梨など丸々と実った旬のものがベストです。秋分は春分と同じく、昼と夜が半々になります。これから夜が長くなるので、心を外に向けるより、内省しながら自分自身と語り合ってみてください。

【立秋】まだ暑い盛りですが、暦の上では秋です。空にかすかに見える秋の気配を感じだす頃（8月7日頃）。立秋以降の暑さは残暑となります。暦の上で秋といえば、「実り」を迎える時期ですので、願いが結実するよう、自分の反省点などをしっかり思い返していきましょう。

【処暑】厳しい残暑が徐々に落ち着き始め、朝夕のすずしさと虫の声に少しホッとする時期（8月23日頃）。穀物も実り始め、いよいよ収穫の時期ですが、私たちも立春から始めたことを形にし、自分のものにしていく心の準備をする時期です。

【白露】大気が冷えてきて、朝、草花に露が輝き始める頃（9月8日頃）。次の秋分は大きな季節の転換期ですので、しっかり自分自身の願いが叶うことをイメージしながら秋分を迎えましょう。

【秋分】春分（3月20日頃）と同じく、昼と夜の長さが同じになる頃（9月23日頃）。春分との違いは、昼の長さがだんだん短くなり、秋の夜長を迎える点です。真西近くに沈む太陽に、極楽浄土との繋がりを感じられる秋の彼岸の時期。

【寒露】空気が冷え、露が冷たく感じられてくる頃（10月8日頃）。秋の夜空に月も輝く時期。「釣瓶落とし」とは、夕方になったと思うと、あっというまに日が落ち、暗くなってしまう秋の夜のはじまりをいいます。秋の充実をしっかり感じましょう。

【霜降】朝夕冷え込み、露が霜へと変わっていく頃（10月23日頃）。そろそろ冬支度を考える時期。山は紅葉で冬前の最後の華やかさを披露。草木も枯れ、すべての生物があたたかな春まで、自分のエネルギーを溜めていく季節となります。

暑い盛りに立秋が訪れ、徐々に実りの秋へと移行していく。木々の葉は次第に色づき、人々の目を楽しませてくれる。稲の収穫が行われる時期でもあり、おいしいものをたくさん食べられる季節となる。そして、日本人にとって昔から大切な収穫祭、「新嘗祭」が毎年11月23日に各神社で行われる。

## この絵馬のチカラ

　秋は実りの季節。栗も大きく実を詰まらせ、美しい紅葉の色がはえわたります。あなたのこれまで頑張ってきたことが実になることを祈り、この絵馬を描きました。きっときっと、必ずや形になります。

冬

# 家族みんな仲よくすごせる
# 季節絵馬

## しあわせの近道

　寒い冬は一年で最も厳しい季節。凍えてしまう時期ですが、こういうときこそ、自分の足場や家庭運を固めることを第一にしましょう。

　地固めによって土台をつくれたら、その上に新しい自分をつくりやすくなります。冬至は、一年で最も夜が長くなる日です。この日は柚子湯に入って、かぼちゃを食べるのがベスト。さらに冷静な視点で、もう一人の自分と会話してみましょう。冬はとかく心が落ち込みやすいですが、自分の長所を見つけて元気を取り戻し、きたる新春や、新しい一年に向け希望を抱いていきましょう。お正月には今年の目標を初詣で誓い、新しい自分へと、どんどん進んでいきましょう。

【立冬】暦の上で冬のはじまりです（11月7日頃）。木枯らしが吹く寒い冬の訪れですが、冬は家で楽しめる行事もたくさんありますから、ぜひ楽しんでください。動物や虫、植物たちがひっそりと土の中でエネルギーを蓄えるように、運を蓄えて。

【小雪】寒さで初雪が降り出す頃（11月22日頃）。この時期に、ふと春のようにあたたかな日があったりしますが、これを「小春日和」といいます。うっかり、植物が春と勘違いして、花をほころばせたりします。

【大雪】本格的に雪が降る頃（12月7日頃）。寒さが一段と強まり、朝晩の冷え込みも厳しくなります。「正月事始め」もこの時期から。新しい年の準備を始めます。正月を祝うのは、運気上昇にはとても大切ですので、しっかり準備していきましょう。

【冬至】一年で一番夜が長く、昼が短い日（12月22日頃）。ここから昼が長くなります。柚子湯に入り、かぼちゃを食べましょう。「一陽来復」といわれるとおり、弱った太陽が陽へと転換し、強くなっていく日。

【小寒】一年で一番寒い時期の一歩手前の頃（1月5日頃）。小寒で「寒入り」し、大寒までを「寒中」といいます。寒さを利用した「寒の仕事」を仕込みます。寒中見舞いの時期。年賀状を出し忘れたらこの時期までに出しましょう。

【大寒】一番寒さが厳しい頃（1月20日頃）。大寒がすぎると、いよいよ春。この時期に汲んだ雑菌の少ない清い水を「寒の水」といい、酒や味噌の仕込みに使います。「大寒卵」といってこの時期に産まれた卵を食べると、健康と金運に恵まれるといわれています。

実りの秋が終わると、木々は枯れ、寒い北国では雪が降り始め、厳しい冬がやってくる。冬は、クリスマスにお正月、節分など、家族や仲間が集まって楽しむ行事やイベントも多い。大寒を最後に、季節は春へと戻り、また新たな年が始まる。

　　雪が積もった貴船神社(京都市左京区)をイメージして描きました。しんしんと降り積もる雪は、神社をさらに美しくします。貴船神社は絵馬発祥の一つともいわれ、万物の命の源である水の神を祀る、全国2000社を数える水神の総本宮でもあります。

第8章

未来へ幸せ届け！
百年開運大絵馬

いよいよ最終章では、絵馬師の私が、これまで全国の各神社に奉納してきた「百年開運大絵馬」を紹介しましょう。「百年」という言葉には、奉納した大絵馬を、後世の子孫たちにも同じ幸せな気持ちで見てもらいたいという祈りが込められています。

ここに収録した「百年開運大絵馬」は各神社に行けば見ることができます（今後の展示期間は各神社で決めるので、時期によっては見ることができない場合もあります）。
「百年開運大絵馬」とは、各神社の宮司様にご縁をいただき、永遠に人々の祈りの想いを繋ぐために描いたものです。

どれも思い入れと思い出が詰まった、大切な絵馬ばかり。
どの神社の宮司様も大変あたたかく、今回特別に収録を許可してくださいました。
この絵馬が、今だけでなくずっと先の未来まで、みなさんの祈りの想いを繋ぐ、心の安らぎになればと思いながら描きました。

日本や世界中で猛威をふるう疫病との戦い、平和への祈り。
これは、何千年も前から同じ想いをしてきたご先祖様から繋いできたものです。
安寧の想いを、当時の天皇や人々も願い、神社やお寺は発展してきました。
同じ気持ちで、同じ想いで、長い時を超え、これからも我々日本人は祈りを紡いでいくのでしょう。今こそ、ご先祖様の大いなる想いと行動力に感謝するときかもしれません。

私がこの世からいなくなっても、「百年開運大絵馬」を見た人が、少しでもイキイキと元気になってくれたら、絵馬師として本望です。
私の分身ともいえるこの「百年開運大絵馬」を見ながら、あなたが大きな願いを叶えられる日を心から楽しみにしています。

# 伊勢神宮崇敬会
「神鶏大絵馬」&「開運絵馬」

「お伊勢さん」や「大神宮さん」と親しく呼ばれる伊勢神宮（三重県伊勢市）は、正式には「神宮」といいます。伊勢神宮には、天皇陛下のご先祖様の天照大御神様が祀られています。皇室の弥栄、国家の安泰、五穀豊穣を祈る神社として、1300年もの間、20年に一度、式年遷宮が行われてきました。ずっと大切に繋げられてきた伝統があるからこそ、日本が伝統ある国として誇りを持てるのだと思います。神武天皇がこの国をつくってから、約2600年以上続いています。次に長い国で、デンマークの約1000年だとか。

世界を見渡しても、一つの皇族・王家で代々ここまで続いている国はなく、だいたい途中で国が滅んで新しい王が出てきます。実際、ギネスブックにも、日本の皇室は「世界最古の王朝」と記録されています。ご先祖様の神様や自然を尊ぶ心のあり方が続いてきたからこそ、今があると実感します。

ここで紹介する「神鶏大絵馬」（左）は、伊勢神宮の内宮近くにある、伊勢神宮崇敬会が運営する宿泊施設「神宮会館」の応接室に飾られています（一般の方は見られません）。伊勢神宮崇敬会は神宮の唯一の外郭団体であり、神宮会館は内宮まで徒歩5分の距離にある「ゆとりと安らぎの宿」です。この大絵馬が描かれている天然の木曽檜は、少し木目模様が入った不思議な木材です。絵の題材は、内宮の神の使いである「神鶏」の雄。白い羽が美しい鶏です。

そして、伊勢神宮崇敬会では、毎年、「開運絵馬」という干支絵馬（右）も描かせていただいています。これは、内宮の参集殿と神宮会館で授与しています。こちらは家で飾れるよう、足が付いた飾り絵馬で、やわらかな干支の絵を心がけました。家で飾る際は、神棚はもちろん、玄関やリビングなどに飾ってみてください。

**ぜひお参りしましょう**

**★伊勢神宮（正式名称・神宮）**
【御祭神】天照大御神
【御神徳】皇室の弥栄、国家安泰、五穀豊穣
【住所】内宮：〒516-0023 三重県伊勢市宇治館町1
　　　　外宮：〒516-0042 三重県伊勢市豊川町279
【開運絵馬を授与している場所】内宮・参集殿（注意：社務所ではなく、休憩所のある場所）
　　　　　　　　　　　　　　　神宮会館：〒516-0025 三重県伊勢市宇治中之切町152
【HP】https://www.isejingu.or.jp/

東京大神宮
「令和記念大絵馬」

私が絵馬を描き始める前に、都内で一番訪れていた神社は東京大神宮（東京都千代田区）でした。まさか、自分の絵馬をご神前に飾っていただく日がくるなど、夢にも思っていませんでした。

　きっと東京大神宮の神様が、この素晴らしいご縁をくださったのだと思います。

　こちらのお宮は、伊勢神宮の東京遥拝所として創建されました。東京で伊勢神宮に行けない方はここを参拝すれば、伊勢神宮にお参りしたのと同じ御利益を授かることができるといわれる「東京のお伊勢さま」ですね。

　さらに、結びの働きを司る「造化三神」(24ページ)も祀られていることから、「縁結び」に御利益があると有名です。日本で初めて神前結婚式が行われたのも、東京大神宮です。

　この大絵馬は、拝殿に向かって右奥、大神様が祀られている場所の近くに飾られています。大絵馬の主人公は、伊勢神宮崇敬会の神宮会館にある大絵馬と同じく、伊勢神宮で神様の使いとされている白い鶏「神鶏」。東京大神宮の宮司様と相談して神鶏の夫婦を描きました。太陽の光のもと、内宮ですごす幸福な神鶏の夫婦です。なにげない風景の中、仲むつまじい関係が見てくださる人たちに伝わるように描きました。

　この絵を見た方に、最愛の伴侶と出会い、心の底からの安らぎを感じて、ともに末長くすごしていただきたいと願いを込めました。

　実は、東京大神宮の御利益は、縁結びだけではありません。

　私の友人が、アメリカの大学院に留学するときに、東京大神宮の学業成就の御守を受けて、アメリカに持っていきました。

　元々優秀な人でしたが、2年経って日本に戻ってきたら、興奮ぎみに私に語りました。

「アメリカの大学院を首席で卒業し、卒業式でも表彰された！」

　これには私もびっくりしました。彼女はその後、自分のやりたかった仕事に就き、小学生時代の同級生と結婚して2人のかわいい娘さんにも恵まれました。

　彼女自身の頑張りがあってこそですが、改めて東京大神宮のご神威のすごさに驚いた私でした。

**ぜひお参りしましょう**

★東京大神宮

【御祭神】天照皇大神、豊受大神、天之御中主神・高御産巣日神・神産巣日神（造化三神）、倭比賣命

【御神徳】家内安全、商売繁昌、厄除開運、良縁、身体健康、学業成就

【住所】〒102-0071 東京都千代田区富士見2-4-1

【HP】http://www.tokyodaijingu.or.jp/

霧島神宮
「御本殿造営三百年記念大絵馬」

霧島神宮(鹿児島県霧島市)の大絵馬は、木材ではなく、初めて和紙で絵馬型につくられた絵馬での奉納となりました。

私が細川紙(楮を原料とした伝統的な手漉き和紙で、現在は埼玉県小川町と東秩父村で伝承されている)に関わって描いた初めての大絵馬です。和紙も日本の伝統文化ですが、なかでも細川紙は「石州半紙」(島根県浜田市)、「本美濃紙」(岐阜県美濃市)とともに、ユネスコ無形文化遺産の「和紙:日本の手漉和紙技術」として登録されました。

私が埼玉県小川町の文化を広める「小川町ふるさと大使」をしていることもあり、普段は天然の木曽檜を中心に絵馬を描いていますが、こちらの和紙絵馬を使わせていただきました。

私にとっても、和紙で初めて絵馬を奉納した貴重な体験となりました。

木材に描かれた絵馬も最高ですが、和紙もいろいろな顔を持っているので、これからも日本のよき伝統として大切にしていきたいと思っています。この大絵馬の題材は、何でしょう。

霧島神宮といえば「天孫降臨」の地です。瓊瓊杵尊様(注・他のページでは『古事記』の表記「邇邇芸命」様としていますが、霧島神宮では御祭神名が『日本書紀』の表記「瓊瓊杵尊」様です。どちらも「ニニギノミコト」と読みます)が天照大御神様の使命を受け、この地に降り立ちました。ここでは、瓊瓊杵尊様が未来への明るい展望・情熱・希望を感じながら雲と太陽を指差し、仲間とともに新しい大地への開拓を誓っている熱い気持ちを描きました。これから夢を形にしたい人へ、力強い神様からの御加護を受けられるよう、祈りを込めています。

どんなことにも、希望を持って進む新しいスタートのタイミングがあります。その瞬間は誰もがとても勇気がいるものです。祖母である天照大御神様から受け継いだとてつもない大きな使命に、瓊瓊杵尊様は希望に満ちていたはずです。だから、私たちも勇気を持って進んでいきましょう。

霧島神宮をはじめ、宮崎県の高千穂などの天孫降臨の地は、私たちに気づきを与えてくれることが多いので、ぜひ現地に行ってその気を浴びてみてください。


**ぜひお参りしましょう**

**★霧島神宮**

【御祭神】天饒石国饒石天津日高彦火瓊瓊杵尊、木花開耶姫尊、彦火火出見尊、豊玉姫尊、鸕鷀草葺不合尊、玉依姫尊、神日本磐余彦尊

【御神徳】国家安泰、家内安全、事業繁栄、交通安全、病気平癒、厄祓、心願成就、航海安全、安産、初宮、合格祈願など

【住所】〒899-4201 鹿児島県霧島市霧島田口2608-5

【HP】https://kirishimajingu.or.jp/

# 宗像大社
むな かた たいしゃ

# 「世界文化遺産登録記念大絵馬」

この大絵馬は、宗像大社（福岡県宗像市）を含む「『神宿る島』宗像・沖ノ島と関連遺産群」が世界文化遺産に登録されたことを記念して描きました。

　絵馬には、女神様たちが強い海を守りながら、それを祝う大祭の船と波を描きました。

　強い「決意」を完遂させるエネルギーに満ちあふれた大絵馬です。

　宗像大社では、「常若」という言葉を大切にしています。

「常若」とは神道の言葉で、遷宮にその真意が隠されています。

　伊勢神宮には1300年もの間、20年に一度の式年遷宮がありますが、お宮のみならず、2000種類にもなる御装束、500点もの御神宝や神具も古式どおりに新しくつくり直すのです。

　これにより御祭神の天照大御神様は常に若くなり、新しい力を発揮できるのです。それこそが「常若」です。

　宗像三女神様は、天照大御神様の御子神です。だからこそ宗像大社では「常若」を未来永劫継承するために、先人と同じく、神事を大切に繰り返し行っているのです。

　そして、宗像大社は日本の神話（『日本書紀』『古事記』）に初めて登場する日本最古の神社の一つなのです。

　以前、大絵馬を描くことが決まる前に宗像大社を訪れたとき、忘れられないことがありました。

　境内のベンチに、てんとう虫の幼虫をたくさん見つけたのです。

　てんとう虫は、太陽に向かって飛んでいく虫で「天道虫」とも書くそうです。

　太陽の化身である天照大御神様の使いともいわれているそうで、幼虫は親虫と違って見た目はあまりかわいらしくないのですが、たくさんの幼虫を見たとき、なぜか「あ、私、宗像大社さんとご縁がある」と思ったのでした。

**ぜひお参りしましょう**

**★宗像大社**

【御祭神】田心姫神、湍津姫神、市杵島姫神

【御神徳】国家守護

【住所】宗像大社辺津宮：〒811-3505 福岡県宗像市田島2331
　　　　宗像大社中津宮：〒811-3701 福岡県宗像市大島1811
　　　　宗像大社沖津宮遥拝所：〒811-3701 福岡県宗像市大島1293

【HP】https://munakata-taisha.or.jp/

神田明神（東京都千代田区、正式名称は神田神社）といえば、江戸総鎮守。その祭りは日本三大祭りの一つとされ、昔から愛されている神社です。いつ行ってもにぎわっていて、どんな時代も、新しい文化の交流地として粋な神社です。

御祭神が、一之宮・大己貴命様、二之宮・少彦名彦様、三之宮・平将門命様となりますが、一之宮・大己貴命様は「だいこく様」、二之宮・少彦名命様は「えびす様」とも表されます。

三之宮・平将門命様の「将門塚（将門様の首を祀る塚）」も東京都千代田区大手町にありますので、ぜひ伺ってみましょう。

こちらの大絵馬では、「だいこく様」を描きました。笑顔が素敵なだいこく様になるよう、笑顔がはじけるように描きました。「この絵が好きだ」と言ってくださる方が多く、とてもうれしいです。だいこく様から、明るい笑顔と金運をいただいてほしいです。

以前、神田明神の宮司様の講話をお聞きしたことがあります。

その中で宮司様は「誠実・謙虚・寛容」という言葉を常に大切にされていて、この言葉を忘れないよう、常に見えるところに貼ったり置いたりしているそうです。

この言葉を聞きながら、素晴らしい経営者の方々は、この3つの言葉を体現し続けている人が多いのだろうと改めて思いました。

私自身もずっと大切にしていきたい3つの言葉です。

こうして、宮司様が丁寧に言葉を扱われているのは、普段から神様に祝詞を奏上されている神職だからこそ。宮司様も言霊を大切にされ、言葉の力を信じ、ご自分が正しく生きるための指針にされています。

**ぜひお参りしましょう**

★江戸総鎮守 神田明神（正式名称・神田神社）
【御祭神】大己貴命、少彦名命、平将門命
【御神徳】国土経営、夫婦和合、縁結び、商売繁昌、医薬健康、開運招福、除災厄除
【住所】〒101-0021 東京都千代田区外神田2-16-2
【HP】https://www.kandamyoujin.or.jp

## 万九千神社
### 「万九千社正遷宮記念大絵馬」

平成26（2014）年10月、万九千神社（島根県出雲市）が136年ぶりに遷宮されるということで、大絵馬の依頼がありました。万九千神社は、御神威も素晴らしく、神在月（旧暦10月＝新暦11～12月頃）に出雲大社で全国の神様会議終了後、神様たちがそれぞれの国や地域に帰る前に、会議の締めくくりとして「直会」という神様たちの宴会が行われるところです。

　出雲大社同様、全国の神様が集まる場所ですから、大いなる願いが叶う神社なのです。この大絵馬は、その直会を描いたものです。

　ごちそうの前で、楽しくお酌をしながら盛り上がっている神様たちは、来年また出雲で再会しようと約束しています。

　日本中から神様が集まり、旅立っていく神社ですから、あなたもこの絵馬を見ながら参拝すれば、新たな一歩を踏み出し、大きな夢も叶えられるかもしれません。

　全国の神様に各地へのお帰りのときが近づいたことを告げる神事「神等去出祭」の頃は、例年大風が吹いて、天候が荒れることが多い。それを「お忌み荒れ」といいます。

　万九千神社は古くから多くの人々の信仰を集めてきましたが、ひと頃よりお参りも激減し、衰退の一途をたどっていました。今では復興を果たし、とても人気があるのですが、ここまでくるには錦田剛志宮司様の地道なたゆまぬ努力がありました。

　近年、神社周辺の宅地開発が進み、まわりの田んぼや美しい景観が失われていく現状に多くの人々が胸を痛めていました。

　自分が受け継ぐ伝統ある神社の姿に大きな不安を感じた錦田宮司様は、博物館学芸員という安定した職を辞め、神社周辺の景観とにぎわいを復興するためにすべてを尽くそうと決意します。

　そこから、136年ぶりにお宮を建て直して正遷宮をし、参道を夫婦でともに整えたのです。さらに、博識を活かした出雲の歴史の講演を全国行脚することで、数年かけて鎮守の森づくりを本格化させ、たくさんの人が訪れる神社に蘇らせたのです。

**ぜひお参りしましょう**

★万九千神社
【御祭神】櫛御気奴命、大穴牟遅命、少彦名命、八百萬神
【御神徳】天下泰平、諸願成就、風雨順時、五穀豊穣、諸産業繁栄、良縁成就、病気平癒、医薬発展、牛馬安全、
　　　　会議宴会円満、飲食業繁栄、商売繁盛、旅行交通安全、起業・進学・就職成就など
【住所】〒699-0615 島根県出雲市斐川町併川258
【HP】http://www.mankusenjinja.jp/

# 甲斐國一宮淺間神社

<ruby>甲<rt>か</rt></ruby><ruby>斐<rt>い</rt></ruby><ruby>國<rt>の</rt></ruby><ruby>一<rt>くに</rt></ruby><ruby>宮<rt>いちのみや</rt></ruby><ruby>淺<rt>あさ</rt></ruby><ruby>間<rt>ま</rt></ruby>

「干支大絵馬」&
「御鎮座壱千百五十年記念絵馬」

　甲斐國一宮淺間神社は、桃、ぶどう、ワインで有名な山梨県笛吹市にあります。日本遺産でもあり、4月はじめに訪れると、街はまるで桃源郷で果物＆ワインパラダイス。風景を愛でながら散歩するだけで気分がよくなります。

　甲斐國一宮淺間神社では、富士山の化身である木花開耶姫命様を祀っています。実は、この神社から富士山は見えません。それには意味があります。

　富士山は活火山で、古来より噴火を繰り返していました。富士山に近い他の神社は、噴火のたびにお宮が壊されてしまいました。

　この神社を創建した初代宮司様は、ある日、ここにお宮を建てるようにと神様にお告げを受けます。そのとき、富士山からあえて距離をとり、強すぎる御神威をほどよく受け止めるようにしたのが、甲斐國一宮淺間神社なのです。

　今回、毎年描かせていただいている「干支大絵馬」と、「御鎮座壱千百五十年記念絵馬」を収録しました。

　どちらにも、御祭神の木花開耶姫命様が出てきます。こちらの名産である美しい桃の花が、木花開耶姫命様にとてもお似合いです。干支絵馬に関しては、私の絵馬には珍しいポップな感じで表現してみました。

　パラリンピアンの谷真海選手など、ここにお参りしてから、世界でも大活躍した方がたくさんいます。未熟者の私が名誉ある神道文化賞を受賞したのも、この神社の古屋真弘宮司様のご尽力の賜物です。世界に羽ばたきたい方、大きな夢を叶えたい方はぜひ訪れてほしい神社です。

**( ぜひお参りしましょう )**

**★甲斐國一宮淺間神社**
【御祭神】木花開耶姫命
【御神徳】山火鎮護、農業・酒造の守護神、婚姻・子授安産の霊徳神
【住所】〒405-0056 山梨県笛吹市一宮町一ノ宮1684
【HP】http://asamajinja.jp/

## 乃木神社
## 「干支大絵馬」

東京・乃木坂近くにある、乃木希典大将・乃木静子ご夫妻を御祭神として祀ったのが乃木神社（東京都港区）で、毎年お正月には大絵馬が飾られます。

私は干支絵馬・干支陶器などの製作を年により違った形でお手伝いしています。

乃木神社は六本木・赤坂に近いのですが、都会とは思えない静かな佇まいで、夜に結婚式もできます。おごそかな都会のオアシスといっていいでしょう。

そして近年、新しくきれいに整備され、圧迫感のない、バリアフリーに気を使われた、とても美しく素敵な境内になりました。飾りつけなども、神職さんの愛情がそこかしこに感じられ、とても癒される空間です。

毎年９月13日の御祭神ご夫妻の命日は乃木神社例祭にあたり、同じ時期に著名人などによる絵燈籠画の展示が行われ、夜間特別参拝も実施されます。ほのかに光る絵燈籠の灯りが、夜の境内を美しく、よりいっそう幽玄な世界へ導いてくれます。

神社の歴史は比較的浅いほうかもしれませんが、乃木大将ご夫妻のまっすぐな気持ちを感じられるところがそこかしこにあります。

こちらの干支絵馬を描くときは、乃木大将のような雄々しさを大切にしています。やさしい中にも、力強いイメージがこの神社には合っていると思うからです。

一方、干支陶器は神社で結婚式を挙げた方への記念品としても使われますので、かわいさとあたたかさを大切にしています。

絵馬を描くうえで大切にしているのは、神社の持っている雰囲気に合っているかどうかです。

絵柄を描くときは、絵の感じや、塗り方、歴史などじっくり考えてから描きます。

各神社に合う絵柄を自分が描ける、描けないではなく、その神社「らしさ」を一番にしています。

その心がけが一つひとつ実り、日本中の神社とご縁があるのは本当にありがたいことです。これからも、面白い絵馬を描いていけたらと思っています。

**ぜひお参りしましょう**

**★乃木神社**

【御祭神】乃木希典命、乃木静子命

【御神徳】立身出世、学業成就、夫婦円満、厄祓い

【住所】〒107-0052 東京都港区赤坂8-11-27

【HP】https://nogijinja.or.jp/

## 大峯本宮天河大辨財天社
# 「令和干支亥和紙大絵馬」

奈良県吉野郡の山奥、天川村にある大峯本宮天河大辨財天社、通称「天河神社」は、神秘に包まれた極めてミステリアスな神社です。

　ちまたでは、「神様に呼ばれないと行けない神社」ともいわれています。

　また、天河神社には能面・能装束が多数現存し、能楽の発祥の頃より芸能の守り本尊として深く関わってきました。現在でも、春、夏、秋の祭には、能楽奉納が斎行されています。

　芸能神社としてここを崇拝している芸能人や有名人も多数います。

　創建は飛鳥時代で、天武天皇が御造営された、由緒ある神社です。

　柿坂神酒之祐宮司様との出会いは、突然でした。

　天河神社で毎年7月に行われる、例大祭のお参りに伺ったとき、たまたま話しかけた方が宮司様だったのです。

　そのとき、不思議なご縁を感じ、それ以来親しくさせていただいています。

　令和になって伺ったとき、宮司様から「あなたの描いた絵馬が見てみたいですね」というありがたいお言葉をいただき、大絵馬を奉納させていただきました。

　宮司様からのご要望は、「令和元年の干支である亥」でした。

　前述したとおり、私は細川紙のふるさと大使でもあるので、大絵馬型の細川紙を使って描きました。

　和紙の大絵馬奉納としては霧島神宮に続いて2枚目ですが、宮司様には大変喜んでいただきました。

　不思議な神社と不思議なご縁で結ばれた大絵馬奉納。

　吉野の山奥はとても神秘的で、神様の本当の力が充満しています。

　まず空気が違います。

　何かが闇の中に潜んでいるような感覚に陥る。そんなところです。

　ぜひ一度訪れてみてください。


**ぜひお参りしましょう**

★大峯本宮天河大辨財天社（通称・天河神社）

【御祭神】市杵島姫命（辨財天）、熊野坐大神、吉野坐大神、南朝四代天皇の御霊、神代天之御中主神より百柱の神

【御神徳】水の大神、弁舌・才智の大神、音楽・芸術・芸能の大神、財宝の大神

【住所】〒638-0321 奈良県吉野郡天川村坪内107

【HP】https://www.tenkawa-jinja.or.jp/

# 日本酒【田人馬】
## 「田人馬大絵馬」

　馬は長い間、人に寄り添い、ともに生きてきました。神社でも「神馬」といって、神社の神に仕える馬、神が乗る馬として大切にされてきました。伊勢神宮でも、神馬が月に何度か、神前に見参します。絵馬と馬は何かと、切っても切れないご縁が生まれたのですが、農林業でも、長い間、馬の力を借りていました。山の中の木材を運ぶ馬搬、田畑を耕す馬耕など、人間が馬にどれだけ助けられてきたか、わかります。

　馬搬の歴史を守りたい、馬耕でつくった日本酒を残したいという思いから、馬方（馬搬の技術を有する人）の岩間敬さんを中心とした、新潟県発の日本酒プロジェクトがあります。そのお酒を入れる瓶の絵を私が担当し、その元絵として、馬耕の様子を大絵馬に描きました。その大絵馬の板は馬搬で切り出されたもので、有名な宮大工さんに絵馬にしていただいたのです。

　日本酒「田人馬」は、白と黒の2種類がつくられました。それも絵馬の歴史と関係しているのです。昔、神社の神様に奉納された馬は毛色によって意味が違いました。五穀豊穣を祈って白馬と黒馬が奉納され、白馬は祈晴、黒馬は祈雨を意味しました。そのため、この元絵にも、2種類の絵馬が描かれたのです。

　お酒が2種類あるので、つくり方も違います。「白」は、酒米の田んぼのある新潟県津南町の地元酒造会社「津南醸造」が醸造した純米大吟醸。「黒」は、創業1645年を誇る京都伏見の酒蔵「招徳酒造」が醸造した生酛造り。そして、なんと発売前にもかかわらず、ロンドンで開催された世界最大規模のワイン品評会「インターナショナルワインチャレンジ（IWC）」2021SAKE部門にて「白」が銀賞を受賞しました。馬搬と同じく、神様へ感謝を伝える大絵馬を奉納する文化を、次の世代へ残せていけたらと思います。

★田人馬【HP】https://tazinba.jp
★津南醸造株式会社（新潟県）【HP】https://tsunan-sake.com/
★招徳酒造株式会社（京都府）【HP】https://www.shoutoku.co.jp/

# 羽田空港
# 「羽田空港大絵馬 鳳凰と富士」

羽田空港（東京国際空港、東京都大田区）第3ターミナルに、この絵馬が飾られ始めたのは、令和2（2020）年12月25日でした。コロナ禍でほとんど人がいないこの時期から、あえて大絵馬を置くことが決定されました。

こんな時期だからこそ、絵馬の本来あるべき姿や心を伝えられると思いました。そして絵のテーマは、復活を意味する鳳凰と、飛行機から眺められる角度の富士山。

私自身、鳳凰の存在で励まされたことがあったので、飛行機のイメージと合う鳥で描いてみたいと思いました。「鳳凰のように再生してほしい」。この大絵馬で、世界中の人たちに、現実を悲観しないで生きる喜びを実感してほしい。世界中からたくさんの人が日本にきて母国に帰っていく際に、一つの思い出として大絵馬をバックに笑顔で写真を撮ってほしい。そんな願いを込めました。そして、その願いが早くも叶う日がきました。東京2020オリンピック・パラリンピック競技大会期間中に、第3ターミナル出国エリア内に一時移動展示され、選手たちが記念撮影できるようになったのです。今回の大会はコロナ禍のため、選手たちは選手村と競技会場の行き来しか許されませんでした。そこで選手のみなさんに少しでも日本文化に触れていただきたいと、私の大絵馬に白羽の矢が立ったそうです。帰国の途につく選手のみなさんが笑顔で写真を撮られたそうで、本当にうれしいことです。大絵馬は神社仏閣に限らず、今、そこにあるべき意味をいろいろ捉え直し、人々へのさりげない心の癒しの象徴になってほしいと願っています。

**ぜひ見にいってみてください**

**★羽田空港第3ターミナル**
**　5階お祭り広場**
【住所】〒144-0041 東京都大田区羽田空港2-6-5
【HP】https://tokyo-haneda.com/index.html/

**ぜひお参りしましょう**

**★羽田航空神社**
【住所】〒144-0041 東京都大田区羽田空港3-3-2　第1ターミナル1F
【HP】https://tokyo-haneda.com/enjoy/recommended_place/index.html
空港内にある航空功労者を合祀、航空業界の躍進と航空安全輸送を祈念するための神社。一般財団法人日本航空協会の航空会館屋上にある航空神社の分霊。
【御神徳】航空安全災難除け、旅行安全、交通安全

**★羽田神社（羽田空港の総鎮守）**
【住所】〒144-0044 東京都大田区本羽田3-9-12
【HP】https://www.hanedajinja.com
羽田空港のある羽田の土地を守る氏神様。航空会社各社の崇敬の念が厚く、地元の方にも愛されている神社。
【御祭神】須佐之男命、稲田姫命
【御神徳】運航安全、航空安全、病気平癒、縁結び、勝負事

# 出雲大社
<small>いずも おおやしろ</small>

「令和開運大絵馬 大国主大神と鼠」&
「白兎縁結びご参拝図大絵馬」

　出雲大社(島根県出雲市)にある「大国主大神と鼠」の大絵馬は、私ととてもご縁が深いものです。

　コロナ禍の令和2(2020)年11月30日、神在祭の中、奉納させていただきました。その年は子年で、私も子年生まれ。12年に一度の年女だったことが、この絵のテーマになりました。

　大国主大神様といえば白兎のお話が有名ですが、もう一つ、正妻の須勢理毘売命様との結婚に至るエピソードで、絶体絶命の大国主大神様を鼠が助けるシーンがあるのですが、そのときの場面を絵馬にしてみました。

　大国主大神様の須勢理毘売命様への愛と情熱で成功に導かれた、そのおだやかかつ強いエネルギーを表現しました。

　大絵馬には、みなさんの人生に、大国主大神様の大いなる愛に包まれる力を注ぐよう、出雲の貴重な出雲産ヒノキを使いました。ですから、出雲の八百万の神様の気をたっぷり受けた絵馬です。「白兎縁結びご参拝図大絵馬」(右)は「大国主大神と鼠」(左)の半年後に奉納されました。

　大国主大神様は、本殿正面ではなく、西を向いて座っているといいます。出雲大社ではその西側からも、大国主大神様と「向かい合う」形でご参拝できるようになっています。白兎たちも、大国主大神様と「向き合い」祈っているのです。この絵馬のように、出雲大社で、大神様と向き合い、自分とも向き合ってみてください。

　ちなみに、出雲大社は「いずもたいしゃ」と呼ばれていますが、これは愛称で、正式には「いずもおおやしろ」といいます。

**ぜひお参りしましょう**

**★出雲大社**

【御祭神】大国主大神

【御神徳】縁結び、夫婦和合、子授祈願、開運招福、五穀豊穣、病気平癒、
　　　　　医薬健康、産業開発、商売繁盛など

【住所】〒699-0701 島根県出雲市大社町杵築東195

【HP】https://izumooyashiro.or.jp/

## おわりに

神社仏閣で感謝することは、とても大事なことかもしれません。
そうすることで神様と繋がり、それに応えるように神様はあなたの味方をしてくれます。
しかし、今の時代、心から神様仏様に感謝することはむずかしいかもしれません。
「感謝するのがいい」と言われ、心の込もらない形だけの感謝をする人もたくさんいます。
ただ、それを神様が見抜いていないでしょうか。

では、本音で感謝を伝えられない人はどうしたらいいのでしょうか?
そんな人は、近くの神様に「普通のご挨拶」をしてみるところから始めてはどうでしょう。

「神様、おはようございます。いいお天気ですね」

そんなご近所さんと挨拶するつもりで、まずは氏神様にご挨拶してみるのです。

コロナ禍で、なにげない日常の尊さを多くの人たちが痛感しました。
偽りの感謝で神様にお願いしても、願い事は叶えられないでしょう。

まずは自分とご縁のある近くの神社の神様に、しっかりご挨拶をすることです。
そして、何度も氏神様に伺うように努める。
自宅に神棚を設置し、毎朝ご挨拶をしてみる。
旬のものを食べ、家族みんなで年中行事をしてみる。
空のご先祖様へふとしたときに手を合わせる。
近くの川や公園を散歩したとき、こっそり木々に話しかけてみる。

そんななにげない日常から始めてみることで、少しずつ神様からの大いなる愛情の念を感じる日がきます。

そのときに初めて心から感謝しましょう。
それまでは無理せず、自分の心の答えを待ちます。
神様と身近になること、信頼を得ることが大切です。

あなたが幸せになると、あなたを守るたくさんの見えない存在が喜びます。
私も、さまざまなご縁を繋げてくれた「絵馬」の八百万の神様に感謝しています。
こんなにもワクワクできて、幸せな仕事はありませんから。

この本をつくるにあたり、「史上初の開運絵馬の本をつくろう」と元気に明るく楽しく盛り上げてくださったダイヤモンド社の寺田庸二編集長、とても素敵なデザインで関係者を勇気づけてくださった装丁・本文デザインの公平恵美さん、カメラマンの小森正孝さん、校正者の加藤義廣さん、宮川咲さんに心から感謝申し上げます。

私たちが守っていかなくてはならないものは、昔からのバトンを未来の子孫へ繋いでいくこと。
私も、絵馬師としての継承のバトンを、子どもたちに繋いでいきたいと思っています。
絵馬を通じて、素直に感謝を伝えることができる日が、あなたにも訪れますように。

　　令和3年11月吉日

　　　　　　　　　　　　　　　　　　　　　　　　　　絵馬師　永崎ひまる

## ［著者］

## 永崎ひまる（ながさき・ひまる）

絵馬師

神道文化会より平成27(2015)年度「神道文化賞」受賞（絵馬師として初受賞。神道文化賞は、神社・神道の文化を広める意義ある活動をした功労者に贈られる50回を超える伝統ある賞）。これにより神社界で公認される形となった初の絵馬師になる。

「伊勢神宮崇敬会 開運絵馬」「出雲大社 令和開運大絵馬 大国主大神と鼠」「宗像大社 世界文化遺産登録記念大絵馬」「霧島神宮 御本殿造営三百年記念大絵馬」「乃木神社 干支大絵馬」「甲斐國一宮淺間神社 御鎮座壱千百五十年記念絵馬」「万九千神社 万九千社正遷宮記念大絵馬」「東京大神宮 令和記念大絵馬」「神田明神 神田神社だいこく様大絵馬」などを奉納。羽田空港第3ターミナルに「羽田空港大絵馬 鳳凰と富士」も展示。京都・三嶋神社の「鰻絵馬」は毎年、全国のたくさんのうなぎ店がこの絵馬を受けるが、こちらは秋篠宮皇嗣殿下にも献上されている。その他、東京大神宮や大宮氷川神社（埼玉県神社庁）、東急プラザ銀座などでも絵馬を描く会や講演会を開催。静岡・熱海市のあいじょう岬では細川紙和紙絵馬を展示。『おはよう日本』(NHK総合)、『news zero』『ZIP!』(以上、日本テレビ系)などのニュース特集内、産経新聞「きょうの人」、西日本新聞「ひと」でも紹介。

和紙の世界にも精通し、ユネスコ無形文化遺産に登録された細川紙が有名な埼玉県の「小川町ふるさとアンバサダー（大使）」として、絵馬や和紙などの日本文化を世界に広めるイベントや和紙絵馬製作でも活躍。京都市指定有形文化財・梅辻家住宅黒書院での講演会を開催。三重・伊勢市二見町の賓日館（国指定重要文化財）で個展。初の著書「アラン・デュカス 秘密のレシピ」(主婦と生活社)が料理本のアカデミー賞といわれる「グルマン世界料理本大賞2014イラストレーション部門のグランプリ」に選ばれ、読売新聞書評欄「本よみうり堂」でも紹介。

また、和風画家・デザイナーとして、商品デザイン、日本酒・日本ワインのラベルデザイン、陶器デザイン、雑貨デザイン、年賀状デザイン、新聞イラストなど、グラフィックデザイナー歴を活かし、絵馬だけでなく多岐にわたるジャンルで活躍中。

1日1分見るだけで願いが叶う!
**ふくふく開運絵馬**

2021年11月9日　第1刷発行
2024年3月6日　第6刷発行

著　者 ——— 永崎ひまる
発行所 ——— ダイヤモンド社
　　　　　　〒150-8409　東京都渋谷区神宮前6-12-17
　　　　　　https://www.diamond.co.jp/
　　　　　　電話/03・5778・7233(編集)　03・5778・7240(販売)

装丁・本文デザイン&DTP —— 公平恵美
撮影(P15〜135) —— 小森正孝
校正 ————————— 加藤義廣、宮川咲
製作進行 ————— ダイヤモンド・グラフィック社
印刷 ————————— 勇進印刷
製本 ————————— ブックアート
編集担当 ————— 寺田庸二

# ベストセラー『嫌われる勇気』の著者（ライター）が、
# 丸3年かけて書いた
# 100年残る文章本の決定版！

書く人、つくる人、伝える人、クリエイター必携！「取材」「執筆」「推敲」の「ほんとうの核心」だけを教える、書く技術・伝える心得の永久決定版！ 3部構成・全10章、21万字、約500ページ、渾身の一冊！

取材・執筆・推敲

書く人の教科書

古賀史健

ダイヤモンド社

この一冊だけでいい。
100年後にも残る「文章本の決定版」を
作りました。 担当編集者・柿内芳文

## 取材・執筆・推敲
書く人の教科書
古賀史健 [著]

● A5判並製●定価(本体3000円＋税)

https://www.diamond.co.jp/